Seis Lições
para os meus
filhos

Seis Lições
para os meus
filhos

Pais extraordinários,
a simples fórmula para o sucesso

Joe Massengale e David Clow

Tradução
Adriana de Oliveira

LAROUSSE

Título original: *Six lessons for six sons*

Tradução autorizada por Three Rivers Press, divisão da Random House, Inc.
Todos os direitos reservados.

Copyright © 2006 by Joe Massengale e David Clow
Copyright © 2007 by Larousse do Brasil

DIREÇÃO EDITORIAL Soraia Luana Reis
EDITOR ASSISTENTE Isney Savoy
ASSISTÊNCIA EDITORIAL Leila Toriyama
COORDENAÇÃO Estúdio Sabiá
CONSULTORIA E PREPARAÇÃO DE TEXTO Miró Rodrigues
REVISÃO Silvia Carvalho de Almeida e Valéria Sanalios
DIAGRAMAÇÃO E PROJETO GRÁFICO Pólen Editorial
CAPA Sart/Dreamaker Brand & Design
GERENTE DE PRODUÇÃO Fernando Borsetti

Dados Internacionais de Catalogação na Publicação (CIP)
(Câmara Brasileira do Livro, SP, Brasil)

Massengale, Joe
 Seis lições para os meus filhos : pais extraordinários, a simples fórmula para o sucesso / Joe Massengale e David Clow ; tradução Adriana de Oliveira. – São Paulo : Larousse do Brasil, 2007.

 Título original: Six lessons for six sons : an extraordinary father, a simple formula for success.
 Bibliografia.
 ISBN 978-85-7635-211-2

 1. Afro-americanos – Biografia 2. Caráter 3. Homens afro-americanos – Conduta de vida 4. Homens de negócios afro-americanos – Biografia 5. Massengale, Joe 6. Pais e filhos – Estados Unidos – Biografia 7. Pessoas de sucesso – Estados Unidos – Biografia 8. Sucesso – Estados Unidos 9. Valores – Estados Unidos I. Clow, David. II. Título

07-2218   CDD-650.1089092

Índices para catálogo sistemático:
1. Afro-americanos bem-sucedidos : Biografia   650.1089092

1ª edição brasileira: 2007

Direitos de edição em língua portuguesa, para o Brasil, adquiridos por
Larousse do Brasil Participações Ltda.
Rua Afonso Brás, 473, 16º andar – São Paulo/SP – CEP 04511-011
Tel. (11) 3044-1515 – Fax (11) 3044-3437
E-mail: info@larousse.com.br
Site: www.larousse.com.br

Para nossos pais

Hugh T. Massengale e Susie W. Massengale
Albert J. Clow e Hannah M. Clow

SUMÁRIO

Prefácio de George Foreman 9
Introdução 11

Lição 1: CONFIANÇA 13
Prefácio de Guion S. "Guy" Bluford Jr., Ph.D. 15

Lição 2: PERSEVERANÇA 45
Prefácio de Anjelica Huston 47

Lição 3: AMOR-PRÓPRIO 69
Prefácio de Rafer Johnson 71

Lição 4: DETERMINAÇÃO 91
Prefácio de Kent Desormeaux 93

Lição 5: DESTEMOR 111
Prefácio de Fred D. Gray 113

Lição 6: FOCO 137
Prefácio de Tom Cash 139

Biografia dos colaboradores 157
Agradecimentos 158

PREFÁCIO DE GEORGE FOREMAN

Eu tive três carreiras: fui lutador de boxe, pastor e homem de negócios. Quatro, se você considerar minha juventude desperdiçada. Em todas, aprendi algo de valor.

Em cada uma, vivi fracassos e triunfo. Fui abençoado por conhecer as maiores vitórias que um homem pode desejar, e também senti a fisgada da derrota humilhante. Como boxeador, ganhei, perdi e voltei a ganhar como campeão peso-pesado. Como pastor, eu sabia das recompensas e dos sacrifícios por compartilhar a Palavra de Deus. E como empreendedor, encarei os mesmos desafios que qualquer homem de negócios enfrenta para manter seus clientes satisfeitos.

Minha vida foi incomum, mas todos os sucessos de que desfrutei possuíam alguns elementos em comum que podem ser compartilhados, não importa a sua profissão. Em todos os casos, foi o caráter que me ajudou a vencer. Caráter é obstinação para enfrentar o fracasso, aprender com ele e se fortalecer. É ter o gosto de ganhar com humildade, de perder com dignidade e sempre dar o melhor de si. É ser honesto consigo mesmo, dar ouvidos apenas ao seu melhor, procurando aprimorar a sua personalidade e o seu trabalho.

Fico surpreso como algo tão prático como caráter não seja ensinado nas escolas de contabilidade, finanças e marketing, pois eu nunca vi um negócio dar certo sem caráter. Muitos fracassos empresariais ocorrem porque as pessoas de algum modo perdem suas qualidades dentro da empresa e acabam se revelando espiritualmente empobrecidas. Enquanto aprendem as técnicas para acumular bens materiais, perdem o sentido real de viver bem e fazer um bom trabalho. Se você definir sucesso de um modo estrito demais, pode ser bem-sucedido para além de seus sonhos mais selvagens e, ao mesmo tempo, perder sua família, trair seus clientes e deixar para trás apenas problemas pessoais.

Tento manter essa idéia no coração e no trabalho mais importante da minha vida, que é ser pai. Meus dez filhos têm suas vidas, seus caminhos para seguir, pois escolheram suas carreiras e se espalharam pelo mundo. Meu exemplo de vida deve ter algum valor para eles, mas nenhum de meus filhos tenderá a refazer meu caminho. As minhas lutas não serão as deles. As coisas mais valiosas que posso oferecer a eles são as mais simples: o amor de um pai, confiança na graça de Deus e o caráter que irá municiá-los para construir a vida, o negócio e uma boa família.

Nisso eu tenho muito em comum com Joe Massengale. Somos da mesma região do Texas. Nossas famílias trabalharam na mesma terra em Marshall, onde moro. Nós dois sabemos o que é sentir fome e vestir roupas velhas. Conhecemos na pele o que é ficar mudando de casa em casa e ser julgado por ter tão pouco. Também sabemos o que é querer mais e não esperar pela oportunidade, mas criá-la. Conhecemos a ambição de conquistar algo para a família, o ímpeto para ser bem-sucedido nos negócios e a importância de fazer as coisas certas.

Confiança, força, orgulho, persistência, coragem e foco são alguns dos tesouros espirituais que podem fazer você superar o fracasso, construir um negócio, cuidar da família e deixar um legado valioso. As lições que Joe Massengale aprendeu nas florestas perto de Marshall e ensinou aos filhos são as mesmas que eu desejo que meus filhos, a comunidade, as crianças, os jovens e meus clientes aprendam comigo.

Autor de *bestsellers*, pastor, duas vezes campeão de boxe na categoria peso-pesado, George Foreman é o fundador do George Foreman Youth and Community Center. Pai de dez filhos, ele mora com a família no Texas.

INTRODUÇÃO

Em julho de 2000, a cidade de Marshall, no Texas, testemunhou a volta ao lar de uma figura importante e seu rito de passagem, a reconciliação e o reconhecimento de como o mundo se transforma. Joe Massengale estava de volta para ser incluído no Hall da Fama local.

Marshall é uma cidade mediana, próxima a Dallas, mas alguns de seus filhos são conhecidos mundialmente. Lady Bird Johnson é de Marshall, assim como o jornalista Bill Moyers, que voltou à cidade nos anos 1980 para fazer o documentário *Marshall, Texas*, sobre a dividida alma da cidade um século depois da Guerra de Secessão. O ex-campeão de boxe George Foreman dirige uma próspera empresa alimentícia de seu rancho, a noroeste da cidade. Como Joe Massengale, eles deixaram suas casas para fazer fortuna.

A cerimônia no histórico Tribunal da Comarca de Harrison saudou um homem sem nenhuma das dádivas dos atletas nem a erudição dos acadêmicos. Joe tinha apenas o caráter para se ajudar na vida. Deixou o Texas sem nada e para lá voltou como campeão. Sua trajetória é um sinal tangível de quão poderoso um sonho pode ser se for vivido diariamente.

Algumas das maiores histórias de sucesso são as mais modestas. A trajetória de Joe Massengale levou-o do medo à esperança, da fome à abundância.

O mais interessante é que a história de Joe foi apenas o começo. Ele tem seus filhos exemplares, Joe Jr., Michael, Larry, Randy, Patrick e Andre, que vieram de diferentes partes do país para estar com ele naquele dia no Texas. Nem mesmo eles compreendiam muito bem como seu pai havia ido tão longe e o que sua jornada significava.

A vida de Joe Massengale é uma série de milagres — da infância pobre à criação de seis filhos durante anos muito perigosos em Los Angeles. Atualmente, os Massengale possuem empresas de entretenimento e tecnologia, entre outras. Seus filhos estão espalhados pelo mundo, construindo novos milagres a partir dos princípios que herdaram. Sua escola de negócios e de vida foi a Joe Expert Tree Service.

Os detalhes da vida de Joe são inspiradores de sucesso, mas o foco real de sua história não é o passado, mas o futuro. As lições de motivação, caráter e fé que ensinou aos filhos podem inspirar os pais a transformar a si mesmos em modelo, e ajudar seus filhos a almejar belos sonhos e alcançar grandes coisas.

Massengale sistematizou seus milagres em seis lições que transmitiu para a família e, agora, irá transmiti-las para você. Este livro é sobre essas lições. Elas são apresentadas na prática, baseando-se na vida de Joe e dos filhos, e na de algumas das personalidades americanas mais bem-sucedidas nos negócios, esportes, educação e artes.

Milagres aconteceram na vida de Joe Massengale porque ele os fez acontecer. Assim também fizeram as oito personalidades com histórias paralelas às dele. Este livro mostra como você pode transformar sua vida em milagre.

LIÇÃO 1
Confiança

PREFÁCIO DE GUION S. "GUY" BLUFORD JR., Ph.D.

Eu tinha catorze anos e estudava na Escola Overbrook, em Filadélfia, em 1957, quando a União Soviética lançou o primeiro satélite — uma pequena esfera prateada chamada Sputnik. Foi um momento de espanto para nós e o mundo. Esperávamos ser a primeira nação a chegar ao espaço. Estávamos enganados.

Estávamos enganados novamente na época em que eu era calouro na Penn State, em abril de 1961, quando a Vostok 1 transformou Iúri Gagárin no primeiro homem a orbitar a Terra. Os Estados Unidos ficaram humilhados. Não se tratava apenas de uma questão de medir força entre dois países rivais, estávamos em plena Guerra Fria. Os governantes interpretavam a supremacia espacial como vital para a sobrevivência. Tínhamos que ganhar para sobreviver. E ficamos para trás.

Momentos como esse abalam a confiança de uma nação. Mas seguimos em frente. Desafiamos a nós mesmos a trabalhar e a conseguir, a assumir a derrota naquele momento, pois perder faz parte, mas nunca desistir. Cometemos erros fatais. Perdemos pessoas admiráveis no caminho. No entanto, o objetivo impossível que o presidente Kennedy estabeleceu para a América, chegar à Lua em 1970, tornou-se possível graças a combinação de conquistas técnicas com a vontade absoluta.

Hoje talvez não reconheçamos a dificuldade do que um dia foi tão desafiador e perigoso. Podemos agir assim porque exploradores anteriores fizeram isso parecer fácil. Mas se cometemos o erro de menosprezar uma dificuldade, deixamos de ver o mais importante: é divertido fazer coisas difíceis. É gratificante estabelecer uma missão impossível e cumpri-la. Ninguém cresce estabelecendo coisas possíveis.

Um dia, um consultor me disse que eu não levava jeito para cursar faculdade, talvez porque eu não fosse um bom leitor no colegial, a não ser que o assunto versasse sobre engenharia ou matemática. Talvez tornasse minha história mais romântica se eu dissesse que fui inspirado a vencer por ter sido subestimado, mas a verdade é que eu ignorei o consultor. Fui criado para saber o que eu queria e para ir atrás disso. E eu sabia o que queria. Sabia quando era um dos raros estudantes afro-americanos da escola, quando estava treinando para combater e quando quis ser astronauta. A confiança foi o maior presente que meus pais me deram; nada podia tirá-la de mim.

Os Estados Unidos poderiam ter desistido, mas seguiram em frente. Eu podia ter desistido ao ouvir que não era capaz de realizar meus sonhos. Não fiz isso, nem você deve fazer. Nunca desista. Nunca!

Guy Bluford Jr., Ph.D., passou 15 anos na Nasa como astronauta de elite. Foi o primeiro afro-americano a viajar ao espaço, tendo sido incluído no Hall da Fama Internacional em 1997. Atualmente, o doutor Bluford é presidente do Aerospace Technology Group (ATG), empresa de consultoria em tecnologia e negócios aeroespaciais, e leva uma vida cívica bastante ativa.

Joe Massengale tinha sete anos quando seu pai saiu de casa numa manhã para cobrar uma dívida de Jim Craig. A vida de Joe mudou naquele dia.

— Pessoas eram assassinadas por nada o tempo todo —, Joe se lembra. — Não existia nenhuma proteção para os negros. Eu me lembro de um homem que foi morto por engano. Os assassinos deixaram um recado: "Sinto muito, pegamos o cara errado". Jim Craig tinha tomado o dinheiro que meu pai ganhara com a plantação de algodão. Papai era um homem sorridente e animado, que fazia amizade fácil. Mas era um homem correto e tinha uma família para alimentar, e ninguém podia atrapalhá-lo nisso. Ele ficou furioso. Minha mãe tentou segurá-lo em casa: "Ei, não vá lá não!", mas ele saiu de casa em direção a Marshall. Eu o segui.

O confronto aconteceu no lugar mais perigoso possível, diante do Tribunal da Comarca de Harrison, no centro da cidade.

— A praça da Courthouse era onde os homens brancos prendiam suas carroças e se juntavam para conversar e fumar durante o dia — Joe conta. — Ali estava o velho Jim, com chapéu de palha e terno cáqui. Meu pai disse: "Seu Jim, quero o dinheiro do algodão". E ele respondeu: "Caia fora daqui, preto". E meu pai lançou-o ao chão com um soco. Perto dali, negros que batiam em brancos eram linchados. Pendurados numa árvore próxima da Courthouse, ali passavam a madrugada. O jornal tirava uma foto para lembrá-los que era assim que deveria ser. E os brancos corriam e gritavam: "Vamos matar esse preto".

*

Em 1861, Marshall era uma das maiores e mais prósperas comunidades do Texas. Conhecida como "a Atenas do Texas", era o berço de vários líderes importantes, dispunha de um centro ferroviário para a nação a oeste do Mississípi e uma produção estratégica de líderes e suprimentos militares para a Confederação.

Os registros da Guerra Civil do *Texas Republican*, o jornal local, falam de adolescentes de Marshall formando unidades militares e treinando para lutar, e de mulheres trocando receitas para prover a melhor comida e vestuário para os soldados. O povo de Marshall aprendeu a curtir couro e a fazer sapatos de tecido para evitar a importação das fábricas da Nova Inglaterra. Aprendeu também a viver sem o Norte.

A Harrison County Courthouse, onde Joe Massengale viu homens furiosos cercarem seu pai naquele dia, era uma linda estrutura em forma de domo feita de tijolo dourado e granito texano rosa, no centro de uma larga praça com pavimento feito à mão na virada do século XX. Décadas depois da Guerra Civil, o velho espírito do tempo de escravidão ainda era corrente em Marshall. Cerca de 450 pessoas foram linchadas durante a vida de Hugh Massengale, sendo a grande maioria afro-americana. Uma das piores concentrações dessas mortes era a comarca de Harrison, e um dos lugares preferidos para dar exemplo aos pretos que saíam da linha. Foi exatamente nesse local, diante do tribunal, onde os homens cercaram Hugh enquanto Joe observava. A árvore de enforcamento era uma nogueira-pecã, a árvore texana.

— John Sanders era o xerife — Joe conta. — Ele estava a cavalo e foi uma grande sorte ele estar perto o suficiente naquele momento para fazer diferença. Ele viu a multidão e Jim Craig caído no chão. Então disse: "O que está acontecendo aqui?" "Esse preto bateu no seu Jim", alguém disse, "e nós vamos matá-lo!" O xerife Sanders viu meu pai e disse: "Não, não. Não faça isso. Eu conheço esse preto". Ele teve que chamar meu pai de "preto", pois não poderia chamá-lo como se chama um homem. Um preto não era um homem. O xerife Sanders disse: "Seu Jim deve ter feito algo grave para esse preto. Deve sim. Hugh Massengale não incomoda ninguém". "Preto", ele disse ao meu pai, "volte para sua casa e família. Seu Jim, vá pra casa também". Os homens brancos objetaram: "Vamos matar ele, um preto bateu num branco!" O xerife Sanders disse: "Não, se fosse outro preto qualquer eu diria então está bem, linchem ele, mas Hugh Massengale não causa nenhum problema. Vão todos para casa. Vão!" E, graças a Deus, tudo terminou bem.

*

— Fizemos o que precisamos fazer — narra Joe. — Meu pai plantava milho e algodão. Se você fornece todas as suas próprias mulas e carroças, você recebe mais. Se o proprietário da fazenda fornece os animais e as carroças, você recebe menos, talvez metade. Meu pai sempre trabalhou com terços e quartos, não com metades. Ele queria conservar a maior parte do que cultivava. Vinte e dois dólares por um fardo de algodão que poderia ter levado um ano para crescer, e ele o ganhou. Tínhamos que mudar de um lugar para outro em toda a região. Um dia papai carregou tudo o que tínhamos numa carroça de dez dólares. Mudamos para uma casa vazia na Estrada de Hezzie Cook, a caminho da casa de minha mãe. Limpamos o lugar, remendamos as janelas e dormimos no chão naquela noite. Ficamos três anos lá. Meu pai ganhava sete dólares e meio por semana trabalhando como empreiteiro, quando havia trabalho. Com esse dinheiro minha família podia comer durante uma ou duas semanas. Um saco de farinha custava um quarto de dólar. Dezoito quilos de farinha de trigo custavam meio dólar. Plantávamos verduras no quintal. Ele carregava um saco de farinha e um saco de açúcar de doze quilos para casa por doze ou treze quilômetros. Éramos felizes com isso. Ele comprava cinco balas por semana, levantava-se todas as manhãs antes de raiar o dia e voltava com um coelho ou um esquilo. Minha mãe fazia biscoitos e molho de carne para nós. Algumas semanas não havia trabalho, mas ele dizia: "Vamos fazer dinheiro em algum lugar". Íamos todos trabalhar. Ele empregava os filhos fora para trabalhar em fazendas para diferentes pessoas, polir serrotes, cortar lenha. A gente se virava.

— Meu pai tinha essa confiança. Foi aí que eu obtive a minha. As coisas eram sempre difíceis, sim, mas a gente não podia simplesmente dizer: "Estou farto, eu bem que poderia mudar de vida". Ele me mostrava como seguir em frente, não importava como. Os meninos da escola zombavam de nós. Sabiam que passávamos fome. Viam-me descalço na primavera, caminhando várias milhas para chegar à escola ou usando sapatos velhos de mulheres com os saltos desmantelados porque não havia outra coisa para calçar. E riam disso. Ainda hoje me surpreendo sentado com os pés enfiados debaixo da cadeira, escondendo meus sapatos porque me lembro do que as pessoas diziam sobre mim. Isso ficou comigo. Dizia aos que zombavam de mim: "Você está rindo de mim agora, mas meus irmãos moram na Califórnia e um dia eu irei para Los Angeles e ficarei rico. Prestem atenção no que digo". Um deles lembrou-me isso quando voltei a Marshall.

— Ser ridicularizado por ser pobre não era nada fácil. As pessoas não deviam fazer isso. Não é justo. Vivíamos com isso o tempo todo, as pessoas dizendo-nos coisas que não gostávamos de ouvir; não podíamos entrar no Teatro Paramount para assistir a um filme ou comer num restaurante como qualquer um. Alguns dias, parecia que tudo o que a gente poderia fazer era desistir. Meu pai ensinou-me bem cedo: seja confiante, seja cuidadoso e se concentre naquilo que você quer ser. Eu acreditava nele. Aqui são os Estados Unidos, e aqui você pode fazer isso.

— Sempre existe alguém assim, tentando acabar com a nossa confiança. Não importa de onde a gente é; a gente vê isso o tempo todo. Não deixamos isso acontecer conosco em minha família. Meu pai dizia: "Você tem de seguir em frente. Não pode ficar para trás". Lembro-me de quando repeti a sexta série. Não estava fazendo as minhas lições de casa como devia e minha professora não gostou disso, queria que eu repetisse. Bem, chegou o momento em que meus colegas de classe iam começar o curso secundário, e eu fui com eles.

LIÇÃO 1 – CONFIANÇA

Inscrevi-me, como de costume, e comecei a sétima série. Estava envergonhado — sabia que ia dar conta do recado. Não ia permitir que alguém me detivesse.

— Nós éramos da roça. As pessoas da cidade olhavam-nos de cima para baixo. Mas todos fomos para o colégio de Pemberton High, em Marshall. Papai e Mamãe insistiam que precisávamos de uma boa educação. Eu caminhava cinco ou seis quilômetros quase todos os dias e depois subia num caminhão de leite para completar o percurso até a cidade, porque era isso o que eles esperavam de mim, ou seja, perseverança. Gostava da escola e dos meus professores. Papai fizera apenas a sexta série, mas o pessoal o chamava de Professor Massengale. Era a única pessoa da comunidade que sabia ler. Aos domingos ele se sentava lá fora para ler o jornal em voz alta e explicá-lo ao pessoal. Eles vinham até a nossa casa, vinte e cinco, trinta pessoas sentadas na varanda de casa. Ele esperava até que todos estivessem lá e então lia o jornal, contando-lhes o que estava acontecendo no mundo. Nas reuniões do velho Centro Comunitário, as pessoas o aguardavam: "Queremos o Hugh aqui" — diziam. Ele lhes merecia todo o respeito. Nunca esqueci a impressão que isso me causava.

— Lembro-me dele sentado ali no coro da Igreja de Cristo. Era um membro devotado, como eu sou. Posso vê-lo cantando, com seu terno de trabalho cáqui e sapatos engraxados, sempre muito asseado. Não podia dar-se ao luxo de usar um terno social, mas era meticuloso: não tinha nada, mas tinha *alguma coisa*, entende?

A maioria dos lugares onde os Massengale viveram ficava fora de Marshall, num pequeno povoado chamado Crossroad, no ponto onde as Estradas 31, 2625 e 2199 se cruzam. Essa planície ainda é boa para a agricultura e a produção de toras de madeira. As casas ali eram bem afastadas umas das outras e os campos garantiam o sustento da família Massengale.

Bonnie Parker e Clyde Barrow conheciam bem essas estradas remotas. Aprontavam suas estripulias na zona rural entre Missouri e Louisiana durante os primeiros cinco anos de Joe. Sabia-se que pagavam para passar a noite nas casas de pessoas necessitadas, para as quais dez ou vinte dólares eram uma fortuna; era um lugar, como diz o famoso poema autobiográfico de Bonnie: "Onde as mulheres nos protegem,/ Onde os homens são homens/ E não 'deduram' Bonnie e Clyde". Esses ladrões roubaram um dos carros favoritos de um homem de Marshall. Uma manhã, Robert Rosborough notou que seu conversível havia desaparecido. Bonnie e Clyde posaram com esse carro em instantâneos fotográficos, fumando charutos e empunhando revólveres, e percorreram três mil milhas com ele até Rosborough reavê-lo.

Tendo crescido ali, Joe aprendeu rapidamente o que era a confiança e o que ela não era. Sua vida dependia disso.

— Eu devia ter uns oito anos — lembra-se ele — na época em que um homem negro, Bakey Makum, morava perto de nós, na estrada de Acie Rhodes. Ele trabalhava para duas mulheres brancas. As pessoas os viam indo para a cidade num carro de dois assentos, para a loja que elas administravam. Um dia meu pai lhe disse: "Bakey, não fique dirigindo com aquelas mulheres sentadas tão perto de você". Bakey respondeu: "Senhor Hugh, não está havendo nada entre nós". Mas uma das mulheres ficou grávida. Alguns dos homens brancos desceram até lá e disseram a Bakey para se encontrar com eles na manhã seguinte. Disseram: "Bakey, você vai morrer esta manhã", e atiraram nele. Ele tentou correr. Caiu, levantou-se, continuou a correr. As pessoas gritavam: *"Corra, Bakey!"*, e ele continuava correndo, eles atirando e as mulheres gritando: *"Corra, corra mais"*. Ele caiu. Puseram uma corrente em torno dele, arrastaram-no pela estrada e passaram bem defronte da nossa casa. Toda a cidade ficou sabendo do ocorrido. Ninguém foi preso por isso. Ninguém foi preso na noite em que o carro de um branco bateu no nosso na estrada e o bebê que chamávamos de Irmãozinho morreu. O homem que bateu em nosso carro disse: "Negros não devem sair por aí dirigindo um carro à noite". Tínhamos que conviver com isso.

— Essa é a diferença: confiança não é tolice. A gente tinha que aprender isso. Tinha que ser confiante para ficar vivo, mas tinha que entender o que significava confiança. Se a gente fosse tolo, pagaria por isso. Toda a nossa família pagaria. Bakey Makum tinha sete filhos. Às vezes era difícil lembrar-se disso, as pessoas se esqueciam. Isso podia acontecer facilmente, com meu pai ou comigo. Às vezes nossas mulas escapavam e ficavam pastando perto da casa de Mister John. Ele tinha boa forragem e água, e alimentava as nossas mulas sabendo que tinham fugido e ido para lá. Cobrou três dólares de meu pai para entregá-las de volta. Meu pai pagou uma vez, mas sabia o que Mister John estava fazendo: estava atraindo as mulas deliberadamente para receber o dinheiro. Elas fugiram de novo para lá e Mister John disse a alguém: "Ei, diga àquele negro que as mulas dele estão aqui". Queria cobrar quatro dólares de meu pai, mas, em vez de ir buscar o dinheiro, meu pai voltou com o seu rifle. Mamãe começou a gritar, mas papai disse: "Vou buscar as minhas mulas". Um dos meus irmãos foi chamar um vizinho para detê-lo. Enquanto meu pai avançava com a sua arma, o vizinho postou-se na estrada com os braços cruzados e disse: "Hugh, não faça isso. Eu pagarei por elas". Meu pai respondeu: "Nada disso, eu vou matá-lo". Quando ele ficava bravo era uma coisa. Eu tenho um pouco dessa índole, mas fico longe desses sentimentos a não ser que alguém esteja tentando tirar vantagem de mim. Não deixo isso acontecer. Não se pode viver do jeito que vivíamos no Texas e não se aborrecer. As pessoas ali faziam de tudo para privar você de sua confiança e auto-estima, de mil maneiras, todos os dias. Mas a gente não podia perder a calma. Do contrário, podia morrer.

— Meu pai fez uma escolha melhor naquele dia em que foi buscar as mulas. Isso lhe salvou a vida. Ficar nervoso é uma coisa perigosa... algumas pessoas nunca dominam a sua raiva. Às vezes mostrei a minha numa hora em que não devia. Mas consegui superar isso. Eu *tinha* de superar. Houve muitas vezes em que poderia ter dito ou feito alguma coisa, mas em vez disso deixava a coisa passar. Algumas pessoas fazem isso a vida inteira, estão sempre nervosas. Mas se a gente quiser fazer alguma coisa na vida, não pode perder o controle num momento de nervosismo. Aprendi com o que vi em Marshall, aprendi o que meu pai esperava de mim, e essas coisas me foram muito úteis. Não neguei a verdade sobre o que aconteceu. Não esqueci. Pensava nisso. E usei meu aprendizado para ser mais confiante.

*

Joe vai folheando os recortes de *The Marshall News-Messenger* sobre a homenagem que recebeu no Hall da Fama. A reportagem da primeira página o mostra com o presidente do Wiley College, ao lado de uma matéria intitulada "Natural de Marshall Volta à Terra Natal para Ser Homenageado".

— Tudo o que aprendi em Marshall trabalha a meu favor agora, e não contra mim — diz Joe. — Trabalho com paisagismo há 60 anos e sempre digo às pessoas: sou o número um em Los Angeles. Minha empresa, a Joe's Expert Tree Service, é a número um em seu ramo. Não gosto de ser o número dois. Sempre fui assim. Mas não encaro o sucesso como coisa garantida. Eu o conquisto, como o conquistei ao voltar para casa. Estabeleço um padrão e meus clientes sabem que podem confiar em mim. Isso transparece no trabalho de minha empresa e no modo como nos conduzimos. Eis por que os meus clientes tornam a me procurar. Aprendi isso em Marshall. Foi a primeira coisa que meu pai me deu: eu podia *escolher* o modo como me sentiria. Podia escolher e sempre podia confiar que faria o melhor.

A reportagem do *News-Messenger* fala da volta da família Massengale para receber a homenagem. Os filhos de Joe tiveram a oportunidade de expressar sua estima pelo pai. Além disso, Joe queria agradecer a Marshall por tudo quanto lhe dera. Alguém poderia ter visto o momento como uma oportunidade para ele romper com o passado, mas para os Massengale as boas-vindas eram genuínas, como o eram a gratidão que eles expressaram.

— Voltando a Marshall hoje — diz Joe —, a gente não acredita que aqueles maus tempos aconteceram. Quando eu voltei, era só "Sim, senhor!" O policial diante do Palácio de Justiça me disse isso no mesmo lugar onde meu pai quase foi morto, onde eu tentava ganhar uns trocados engraxando sapatos.

LIÇÃO 1 – CONFIANÇA

Joe serve o almoço — peixe, batatas e verduras que ele mesmo planta — enquanto relembra o passado. Ele sempre se mostra grato.

— Acontecem coisas boas. Podemos optar por fazê-las acontecer. Existe muita gente boa e, se vêem a bondade em nós, elas nos retribuem com a delas. Um amigo e eu fomos de Marshall a Houston por volta de 1945. Eu tinha 16 anos. Meus sapatos eram velhos e minha mãe cortou-me umas palmilhas de papelão para que eu pudesse calçá-los para procurar um emprego. Partimos depois que o colégio fechou para as férias de verão. Eu tinha quatro dólares para fazer uma viagem de 320 quilômetros. Levávamos algumas roupas extras e um sanduíche, isso era tudo. Não tínhamos onde dormir. Lembro-me de ter caminhado pelas ruas de Houston como uma barata tonta. Um negro idoso que nos observava disse: "Vocês são daqui?" Respondemos: "Não, somos de Marshall, estamos procurando emprego". Ele continuou: "Vocês têm amigos aqui?" Respondemos: "Não, achávamos que íamos ficar apenas algum tempo". Ele então disse: "Venham comigo". Aquele homem preparou-nos um jantar e nos deu um lugar para dormir. Acho que percebeu que éramos bons rapazes. Meu amigo arrumou um emprego de engraxate no dia seguinte e eu fui trabalhar no Alabama Café. Tudo correu muito bem até um dia em que, ao sair da cozinha, vi um homem desacatando uma garçonete e não gostei. Tirei uns trinta empregados daquele lugar. Não continuaríamos a trabalhar lá se não fôssemos respeitados. Isso aconteceu na hora do almoço. Levei o pessoal todo para fora. As pessoas diziam: "Vocês vão dar ouvidos a esse moleque de 16 anos? Vão embora em sinal de protesto?" Foi o que fizeram. Tomei o ônibus e voltei para Marshall. O triste é que cada um deles voltou atrás, menos eu. Não gosto de voltar atrás. Lembra-se de Provérbios 26? "Como o cão que torna ao seu vômito, assim é o insensato que reitera a sua insensatez". É preciso ter confiança, ser correto e permanecer correto mesmo quando isso significa fazer um sacrifício. Meu pai me mostrou isso. Ele não criou confusão, mas não voltou atrás.

Joe continuava folheando os recortes e os folhetos sobre Marshall:

— Voltei para Houston em 1946 porque ouvi algumas pessoas

conversando sobre empregos na construção. Diziam elas: "Apareça e terá uma chance". Eu estava lá na hora da chamada. Chamaram todos os nomes, menos o meu, até que um senhor negro que ali se encontrava, Mister Howard, me disse: "Filho, como se chama o seu pai?" Respondi: "Meu pai é Hugh Massengale".

Os olhos de Joe se enchem de lágrimas e ele faz uma longa pausa antes de continuar a história.

— Para mim é difícil falar sobre isso, admite. Mister Howard disse: "Ah, então Hugh Massengale é seu pai?" Voltou-se para o contramestre e disse: "Contrate esse menino. Se ele é filho de Hugh Massengale, vai trabalhar aqui". Orgulhava-me de saber que as pessoas pensavam assim do meu pai. E ainda pensam.

Sessenta anos depois de perder o pai, Joe ainda precisa interromper-se quando lhe perguntamos se ele e seu pai eram íntimos.

— O simples fato de estar em sua companhia era intimidade. Ele conversava mais com meus irmãos mais velhos, imagino. Quando partiram para a Califórnia, passei a ser o mais velho em casa, e então ele passou a conversar comigo um pouco mais. Não conversava muito conosco sobre coisas que achava que devíamos saber. Conhecia-nos muito bem, não precisava ser muito severo em suas instruções. Sabia que íamos ser homens e mulheres de bem. Não me lembro de conversas particulares, salvo quando ele estava morrendo. Minha mãe me disse: "Seu pai não estará conosco por muito tempo". Falei com ele sobre isso. Ele respondeu: "Oh, não, meu filho, estou muito bem". Era um homem muito forte. Sabia que estava indo embora, morrendo de câncer. Não queria alarmar ninguém. Não durou muito depois disso.

— No dia em que ele morreu, eu estava engraxando sapatos na barbearia do Marshall Hotel, na praça da Courthouse. Era um degrau a mais em relação a engraxar na rua. O telefone tocou e o barbeiro me disse: "Engraxate, é melhor você ir para casa". O homem que estava sentado na cadeira perguntou o que era, e o barbeiro respondeu: "O pai do menino acaba de morrer. Hugh Massengale". O homem levantou-se da cadeira e disse: "Hugh Massengale? Perdemos um bom negro".

LIÇÃO 1 – CONFIANÇA

De Marshall a Los Angeles são três quilômetros de trem. Às quatro da tarde, quando Joe perguntou pela primeira vez, disseram-lhe que o preço de uma passagem de ida era 40,20 dólares. "Meu Deus!", disse ele ao homem na estação Texas e Pacífico, na rua Washington. Era uma fortuna para o garoto que ganhava seu dinheiro engraxando sapatos a troco de alguns níqueis.

"Você vai ficar por aqui mesmo, não é?", rosnou o homem atrás do balcão.

No dia seguinte, Joe tomou o trem.

*

— Era em 1945... o mesmo ano em que cheguei à Califórnia, lembra ele. Meus irmãos estavam aqui, fui morar com eles e arrumei um emprego numa mercearia. Costumava lavar os Cadillacs do proprietário. Bom sujeito. Bem, pelo fim do verão disse-lhe que sairia de lá e voltaria para o Texas a fim de terminar o colegial. Ele me disse: "Você sabe como eles tratam você lá, por que está querendo voltar? Você é um garoto esperto, está fazendo amigos aqui, tem um futuro aqui". Levou-me à sua casa. Lindo lugar. Conheci sua esposa, deram-me um bom almoço. Disse ele: "É assim que você deve viver. Por que quer voltar?" Uma coisa lhe digo: aquele homem me fez pensar. De fato eu queria voltar para o Texas a fim de terminar o colégio, mas lembrei-me do que ele me disse. E, quando retornei a Marshall, minhas idéias haviam mudado. Eu vira como as coisas poderiam ser. E o que aquele homem me disse acendeu minhas esperanças. Eu podia fazer uma escolha melhor. Minha confiança aumentou.

Joe se interrompe por um momento para pegar a placa que mostra aos clientes que o Joe's Expert Tree Service é membro do Better Business Bureau de Los Angeles. Ela significa para ele tanto quanto o troféu de corrida que decora o seu estúdio.

— Comecei a trabalhar aqui em 1947, de porta em porta. Não tinha um centavo. Meu sócio e eu subíamos e descíamos as ruas, ele de um lado e eu do outro, sabendo que tínhamos de pagar pelo caminhão alugado e por um lugar para dormir à noite. Se houve uma época em que minha confiança foi testada, essa época foi essa.

— Mas eu tinha comigo o que aprendera em Marshall: a confiança está olhando e acreditando em você, vá em frente. Está sendo sincera e mantendo a sua palavra, e não tomando uma coisa que não é sua. Não é tão difícil, é? Parece óbvio, mas vejo executivos em corporações que ainda não perceberam isso. Agem como se a confiança blefasse com a gente. São uns tolos. Meus clientes que vivem em Palm Springs e Beverly Hills são pessoas espertas, e não se blefa com gente esperta. Eu não tentaria fazê-lo. Eles vêem o meu trabalho. Tudo nele é correto. Respeito-os, e pelo que sei eles me respeitam.

— Quer saber a diferença que as pessoas percebem quando lhes ofereço os meus serviços? Posso passar de carro pela casa de uma pessoa e olhar para uma árvore do seu quintal. Posso dizer se ela cresceu demais e precisa de poda. Pode parecer bonita, com todas as suas folhas e o seu verde, mas se a sua copa for muito densa para o tronco suportá-la e os ventos de Santa Ana chegarem, ou se for açoitada pela chuva, essa árvore logo estará estendida no chão. Faz parte de meu trabalho explicar isso ao proprietário da casa. Quase sempre é alguém que nunca me viu antes, alguém que não tem a menor idéia de quem eu sou e que já teve uma experiência desagradável com um empreiteiro. Essa pessoa é cética. Preciso confiar em mim mesmo o suficiente, e o que eu sei os leva a ter confiança em mim. Assim, quando bato à porta de alguém, estou em sua propriedade e dou a impressão de que estou ali para realizar um serviço. Uso um uniforme limpo, presto atenção; falo com cortesia e estabeleço contato com os olhos; faço perguntas diretas e dou respostas diretas. Isso causa uma boa impressão. É como se a gente conquistasse a confiança de alguém. Limpeza quer dizer muita coisa. Isso dá confiança. "Bom dia, senhor", digo. "Como vão as coisas hoje? Passei por aqui esta manhã, observei esta bela árvore e posso ver que ela está um pouco pesada demais para o seu tronco. Veja o tamanho dos galhos, veja a base dela e note como está pesada no alto. Ora, suponhamos que sopre um vento forte, de setenta, oitenta quilômetros por hora, e quebre um galho grande. A árvore inteira pode vir abaixo se isso acontecer. Não quer dar uma podada nela agora, ou prefere esperar um pouco mais?"

— Quase sempre eles dizem não, eu deixo o meu cartão e lhes desejo um bom dia. Então os ventos sopram. E aquela árvore poderia ser uma das dezenas, das centenas que são derrubadas pelo Santa Ana todos os anos aqui na Califórnia. E eles me telefonam altas horas da noite para eu ir à sua casa. Meus filhos e eu fazemos todos os tipos de serviço de emergência como esse. E as pessoas me dizem: "Você profetizou que esta árvore ia cair! Como é que sabia?" Respondo simplesmente: "Não, é que eu vi que ela estava muito pesada, apenas isso". A remoção daquela árvore pode levar um dia inteiro, e já ganhei um prêmio pelos meus serviços de emergência. As pessoas me dizem que sou um bom vendedor, mas na verdade a única coisa que faço é falar a verdade. É por isso que os meus clientes permanecem comigo durante anos ou mesmo décadas. Digo a verdade e faço um bom trabalho. É isso que inspira a sua confiança.

— Dizer a verdade, fazer o que se diz que vai fazer e fazer tudo certo. Dizem que não é fácil prosperar neste país, mas não é bem assim. Claro que existe injustiça, todos sabemos disso. Ela existe, e não devemos ignorá-la. Mas, se tudo o que você faz é ficar falando sobre isso, você não fará nenhum progresso. Você está acabado se deixar a coisa parar aí. É uma escolha. Sim, você é derrotado. Não fique parado. Não é esse o estilo dos Massengale. Meu pai me ensinou isso, e eu ensinei isso aos meus filhos. Há aqui o suficiente para todos nós. Simplesmente acredite em si mesmo e faça uma escolha melhor.

Precisávamos ter confiança em nós mesmos. Não ser arrogantes, difíceis. Mas confiar que éramos bons como os outros e que tínhamos os mesmos direitos que outros têm de estar aqui e de trabalhar muito.

JOE MASSENGALE JR., o mais velho dos seis filhos de Joe, é corretor de imóveis e agente hipotecário em Filadélfia. No papel timbrado de sua empresa lê-se: "Gálatas 6:10: *E, enquanto tivermos oportunidade, façamos o bem a todos, mas principalmente aos da família da fé*".

Joe Jr. se parece com seu pai, tem o mesmo tipo de bigode. Faz de carro a maior parte de seus negócios, observando as casas geminadas, os dúplex de West Philadelphia e as casas de pedras e tijolos dos subúrbios da cidade. Prefere fazê-lo pessoalmente em vez de vender usando apenas uma listagem. Numa semana típica ele examina dez ou quinze casas, tendo sempre em mente um cliente específico.

Hoje ele está chegando de uma viagem de avião a San Francisco, onde visitou um dos seus filhos, estudante da Stanford University. Um dia antes nevou forte e a maioria das escolas e escritórios da cidade está fechada. Antes de ir para casa, Joe Jr. pega o seu carro no aeroporto para visitar três propriedades. As árvores estão brancas e as estradas apresentam-se escorregadias. Quando finalmente chega lá, o celular, o telefone fixo e a máquina de fax estão zumbindo.

Seu escritório é uma pequena sala envidraçada anexa à sua casa, com fotos da família e um trecho de Isaías 54:17 na parede: "Nenhuma arma forjada contra mim prosperará".

A viagem de Joe Jr. a Marshall com seu pai para a celebração no Hall da Fama foi a primeira vez que ali voltou desde a infância.

— Comecei a entender melhor o meu pai quando voltamos ao Texas — diz ele. — Claro que já tinha ouvido as suas histórias sobre o lugar onde ele cresceu, mas a experiência de vê-lo, de senti-lo realmente, não pode ser contada por nenhuma história. Visitar os túmulos dos pais de minha mãe, ir ao túmulo de meu avô paterno... meu pai apontou para um local e nos contou: "Aquela era a minha casa", e

LIÇÃO 1 – CONFIANÇA

ali só havia árvores. Não se pode apreender esses sentimentos numa experiência de segunda mão. Eu queria voltar lá porque acho que é necessário para todos nós em minha família, onde quer que estejamos, estarmos ligados a Marshall e descobrir o máximo possível sobre o lugar de onde viemos. O que torna importante a história do meu pai não é o que ele possui agora. É o modo como sobreviveu, como veio de um lugar onde não tinha nada e nunca se permitiu desanimar. Ele nunca viveu de outra maneira. Todos nós temos certeza disso, meus irmãos e eu. Estávamos certamente protegidos das coisas que ele conheceu, protegidos da fome e da necessidade física, porque nos deu tudo o que podíamos desejar. Por isso acho que não compreendemos a sua formação. Tendo crescido em Los Angeles, de nada sabíamos. No Texas eu pude *sentir* a história da morte de seu pai. Pude sentir o modo como tudo deve ter acontecido, o peso do passado na praça da Courthouse, onde ele trabalhou como engraxate... pude *sentir* todas essas coisas.

— Acho que ele viveu uma história norte-americana típica. Há muita gente que tem histórias de maior sucesso, mas a história de papai é a de quem veio do nada, sem nenhuma chance de prosperar, e se tornou um homem de 77 anos sadio e feliz com sua família. Ele é um cara extraordinário.

Existe uma idéia-chave única que Joe Jr. aprendeu com seu pai? Ele não hesita:

— Confiança. Todos os dias eu uso a confiança que ele me ensinou em tudo o que faço para o sustento de minha família. Comecei trabalhando para meu pai quando tinha cinco anos, e tentei ir trabalhar com ele quando tinha apenas três! Aos oito, era um veterano na equipe de paisagismo. Comprei meu próprio uniforme quando tinha dez. E vi os policiais perseguindo-nos, os vizinhos céticos perguntando aos nossos clientes: "Por que vocês pagam tanto a esses meninos negros para trabalhar no quintal?" Negros que trabalhavam em bairros de brancos nas décadas de 1960, 1970, que saíam todos os dias e *faziam as coisas acontecerem* — *tínhamos* de ter confiança em nós mesmos. Mas sem arrogância. Não era nada difícil. Só devíamos confiar que éramos tão bons quanto qualquer outro e tínhamos o mesmo direito que qualquer outro de estar ali e trabalhar arduamente.

— Muita gente teria ficado com medo de fazer isso. Mas sabíamos o que podíamos esperar. Meu pai explicou-nos isso passo a passo: "Você está em Beverly Hills, Palm Springs. *Preste atenção*. Quando você chegar à porta, haverá gente observando-o das janelas, olhos espiando da rua. A polícia virá perguntar o que estamos fazendo aqui". Eu tinha dez, onze anos, e possuía um roteiro memorizado: "Bom dia, senhor guarda, como vai? Isso mesmo, estamos aqui trabalhando para a Sra. Fulana..." Todos sabíamos o que dizer. Às vezes havia ameaça de confrontação, mas eu era o filho mais velho, e o meu papel era manter a calma. Queria ser afável, sereno, fácil de tratar. Não atencioso; apenas uma pessoa que faz o seu trabalho. Eu não perco a calma, e a confiança é a chave para isso. Simplesmente me mantenho calmo. Confio no fato de que as coisas vão funcionar.

Os telefonemas e *e-mails* não impedem Joe de contar a sua história. A história não o impede de continuar fazendo os seus negócios.

— Meu pai nos ensinava dando exemplos, continua ele. Trabalhávamos para uma porção de astros de cinema, em primeiro lugar. Gente famosa, gente acostumada à tietagem. Pus na cabeça que era tão bom quanto eles. Certa vez o meu irmão pediu um autógrafo a um ator famoso. Ele foi simpático, e meu irmão ficou entusiasmado. Meu pai disse: "Nunca peça um autógrafo a alguém. Eles também podem ficar entusiasmados por conhecer *você*". Aprendemos a pensar: "Fulano conheceu um Massengale hoje". Mais do que isso, ele nos ensinou a acreditar que sempre acharíamos trabalho se o procurássemos. Isso requer muita confiança, pode crer, levantar-se todos os dias sem saber aonde ir ou se vai encontrar trabalho. Mas ele tinha aquela fé sólida como uma rocha em si mesmo e ousava procurar, ensinou-nos a procurar e a continuar procurando, não por julgarmos que tínhamos direito a isso, mas por sabermos que podíamos cumprir as promessas que fazíamos. Podíamos procurar desafios, porque estávamos à altura deles. Ele nunca desanimou. Não nos deixava desanimar. Passávamos dias na

LIÇÃO 1 – CONFIANÇA

estrada, dirigindo por todo o sul da Califórnia, e então chegávamos ao local da rodovia onde podíamos virar para o sul, na direção de San Diego, ou para o norte na direção de casa, e ele me perguntava: "Quanto dinheiro você tem no bolso?" "Sessenta, setenta dólares", eu respondia. "É pouco" — dizia ele, e virávamos para o sul. Se era lá que estava o trabalho, era para lá que íamos. Essa foi a lição que aprendemos aqui. Nada acontece se você não for atrás do seu interesse com toda a confiança.

Joe Jr. passa algumas horas recebendo mensagens e clientes, dividindo o tempo igualmente entre telefonemas profissionais e telefonemas de seus amigos da igreja e da vizinhança. A primeira coisa que ele fez quando chegou em casa hoje foi limpar sua própria entrada para carros e a calçada. Em seguida fez o mesmo para o casal de vizinhos que mora ao lado. Agora ele se dirige de novo para o carro.

— Tive alguns grandes professores na faculdade e na escola elementar. Mas o fato é que não consigo me lembrar de um professor ou de uma aula que tenha me dado essa compreensão. Acabava de olhar meu pai no caminhão, dirigindo rua acima e rua abaixo, subindo a pé aqueles caminhos e pedindo emprego: "Chegue lá, seja educado, faça contato visual". Sempre me senti à vontade em conversar com as pessoas, uma a uma ou num grupo, e é daí que me vem a facilidade para obter a confiança de nossos clientes. Isso é um grande trunfo no meu negócio.

— Todo mundo chamava meu pai de "Chefe", mesmo os seus irmãos mais velhos. Ele era sempre o líder entre os seus irmãos, apesar de não ser o mais velho. Eles estavam desenvolvendo grandes empreendimentos paisagísticos quando fui pela primeira vez à Califórnia. Se dissessem: "Chefe, não podemos fazer isso", ele respondia: "A expressão 'não posso' não existe no meu vocabulário". Ele *vivia* a sua confiança. Trabalhava como se estivesse tudo bem mesmo quando não estava. Agora eu penso nisso o tempo todo em minha vida — sofro pressões, tenho clientes exigentes, muita coisa acontece; as pessoas e as circunstâncias estão sempre me dizendo "não". Eu simplesmente sigo em frente como se o "não" não valesse, coisa do tipo: se o plano A não funciona, passo ao plano B, ao plano C, ao plano D. Vou insistindo, usando alternativas, verificando o que faltou, reajustando. *Movimento para a frente.*

Joe Jr. ri ao lembrar-se:

—Éramos uma *máquina* em cima das árvores. Ouvíamos, executávamos. Meu pai tinha um grande tino para vender. Dizia ao cliente: "Tudo bem, Sr. Jones, vamos trabalhar". Nesse meio tempo, evidentemente, a escada estava de pé encostada à árvore e meu irmão Michael e eu já estávamos cortando. Era um trabalho harmônico, coreografado. Meu pai tinha o senso do estilo. Movíamo-nos rápido, pensávamos rápido e executávamos rápido. Tínhamos de ficar atentos o tempo todo. Meu pai sabia que era assim que ocupávamos o nosso lugar, era assim que devíamos agir. Confie que você vai fazer o serviço, ganhar o que merece. Eu estava num grupo de estudantes composto quase exclusivamente de brancos. Os estudantes afro-americanos podem sentir-se diminuídos num ambiente como este — eu não. Sabia quem eu era, e sabia que merecia estar ali.

O celular de Joe Jr. toca repetidamente enquanto ele dirige. Ele atende a todas as chamadas.

*

West Philadelphia, o território onde Joe atende aos seus clientes, inclui lojas, galerias, salas de aula, moradias de estudantes, museus e laboratórios ao redor da Universidade de Drexel, da Universidade das Ciências de Filadélfia e da Universidade da Pensilvânia, além de alguns bairros da parte mais baixa da cidade.

A área é rica em história. O Hospital Satterlee fica entre a Rua 44 e a avenida Baltimore. Era o segundo maior hospital da nação quando tratou os feridos da Batalha de Gettysburg. O Jardim de Bartram, primeiro jardim botânico do país, onde Benjamin Franklin visitava seu amigo John Bartram, ainda margeia o rio Schuylkill. West Philly inclui o enorme Parque Fairmont de Filadélfia. Alguns remanescentes da Exposição Centenária de 1876 sobrevivem em Parkside, ao longo da

LIÇÃO 1 – CONFIANÇA

rua, desde as casas geminadas deterioradas mas imponentes, construídas na Idade Dourada à época em que West Philly era um plácido recanto afastado do centro da cidade. Cabos de aço galvanizado, a máquina de escrever e o telefone de Alexander Graham Bell foram apresentados aqui a um público deslumbrado. A maior parte dos edifícios da Exposição eram temporários e tinham desaparecido havia muito tempo, mas o grande Memorial Hall de granito ainda estava de pé. O presidente Ulysses S. Grant estava ali para inaugurar a feira em 1876. Era o ano da publicação de *Tom Sawyer* e da morte de Custer em Little Big Horn, doze anos antes do nascimento do avô de Joe Jr. Entre as exposições do Centenário estava uma estátua de um jovial escravo liberto com as algemas partidas.

Apesar de todo o progresso exibido na Exposição, a época em que essa parte de Filadélfia floresceu foi um período de terríveis percalços para os afro-americanos. Os esforços do presidente Grant para impor a Reconstrução na nação reconciliada foram abandonados na maior parte após a eleição de Hayes-Tilden em 1876. A Lei dos Direitos Civis de 1875, uma tentativa de garantir direitos sociais universais, como acesso pleno e igualitário a acomodações em hotéis, transporte público e teatros, foi declarada inconstitucional pela Suprema Corte em 1883, quando esta alegou que o Congresso não tinha poderes para regulamentar a conduta e as transações dos indivíduos. Foi a última tentativa por parte do Congresso de proteger os direitos civis dos afro-americanos até meados do século XX, e essa decisão abriu uma era de discriminação legalizada e segregação entre brancos e negros nos Estados Unidos.

Hugh Massengale nasceu nessa época, e por pouco não morreu nela. Joe Massengale viveu essas dificuldades durante a infância. Quando se construíram as casas que Joe Massengale Jr. vende hoje, os afro-americanos não tinham o direito de comprá-las.

*

Para um corretor imobiliário ou um construtor, West Philly é um excelente território. As grandes escolas das imediações criam uma enorme demanda de casas e apartamentos. Os preços das casas subiram rapidamente, por mais precário que fosse o seu estado.

Joe Jr. dirige-se à sua propriedade perto da Universidade da Pensilvânia para se encontrar com um proprietário que deseja vender e um comprador em perspectiva. Na rua Locust, ele estaciona defronte de uma casa geminada, uma dentre as milhares da cidade. Tipicamente, essas casas de fins do século XIX e começos do XX têm três ou quatro andares e ainda são bonitas por fora, com seus canos de esgoto de cobre, fachadas de pedra e vidraças chumbadas. A janela desta é de madeira compensada. O proprietário precisa de uma alavanca para entrar.

O interior é uma ruína escura e perigosa, com água entrando pelos buracos no teto. Os assoalhos e as paredes rangem e se curvam. Móveis arruinados e lixo enchem os aposentos gelados. Joe e a compradora caminham cuidadosamente com lanternas, avaliando o tempo e o custo da reparação do lugar.

— Olhe aqui — diz o comprador, acendendo sua lanterna. — A luz vem de cima e a neve derretida goteja na sala de estar. O buraco no teto tem quase um metro de largura. — Ele conduz Joe Jr. através de um corredor escuro em direção aos fundos. Mais neve derretida pinga no banheiro. Os quartos não estão em melhor estado. O piso da cozinha range enquanto eles caminham. As coisas estão piores no térreo e no porão. — Esta casa está em ruínas. Terá de ser completamente reformada. Acho que levará um ano para pôr tudo em ordem. É difícil acreditar que o vendedor quer quase duzentos mil dólares pelo prédio, mas este fica a uma boa caminhada do campus da Penn, e ainda está suficientemente sólido para que, daqui a um ano, possa se transformar nos modernos apartamentos de dois quartos com aluguéis de mil dólares e uma vista do centro de Philly.

Joe Jr. acalenta a idéia de levantar essa casa dentre os mortos. — Você precisa enxergar cinco anos adiante para ganhar dinheiro com imóveis — diz ele. — E Filadélfia é um dos lugares onde os compradores inteligentes ainda podem se sair bem. Este bairro tem dezenas de lugares piores. As paredes aqui estão boas. Debaixo de toda essa destruição e incúria, tudo o que se precisa para trabalhar ainda está aqui. Será um verdadeiro prazer ver essa casa retornando à vida.

De volta ao carro, o telefone toca novamente.

— Presto muita atenção às chamadas telefônicas — diz Joe. — As pessoas me encontram não importa onde eu esteja, aqui, de férias, em qualquer lugar. Trabalho para mim mesmo, e trabalho rápido; é difícil encontrar sócios capazes de acompanhar o meu ritmo. Encontro um lugar que sei que é excelente para um cliente, telefono-lhe e digo: "Tenho a casa que vocês querem. Estou aqui na sala de estar. Diga à sua mulher que vou apanhar vocês daqui a pouco". Vou buscá-los. Eles estão juntos em sua casa pela primeira vez, e eu ali com eles. É uma sensação maravilhosa.

O telefone de Joe pisca números em sua mão:

— Estou sempre calculando taxas de juros e apólices — explica. — Faço uma oração todas as vezes que consigo para meus clientes a taxa mais favorável. Telefono para a empresa com que trabalho, anoto uma taxa e faço uma oração. Isso também requer confiança: você precisa se comprometer. Não adianta ficar esperando por coisa melhor.

Outro telefonema. O cliente é uma jovem mãe solteira que deseja comprar uma casa na área de Overbrook Park. Essa não seria a venda mais desejável para um corretor maior, e a comissão final para Joe Jr. não será a melhor que receberá este mês, mas ele faz um esforço especial em favor da compradora, sabendo da diferença que fará para ela e seu filho estar em sua própria casa. Esse é um curto passo para a compradora, porém Joe Jr. lhe pede para alongá-lo:

— Quero que você expanda um pouco o seu horizonte. Está na hora de parar de pagar aluguel e tornar-se uma investidora. Você pode fazer isso. Vou estar lá com você.

Ele sorri quando termina o telefonema.

— As pessoas me pedem o tempo todo para lhes arranjar "algo barato num bairro bom". Tenho que lhes dizer: "Bom e barato não cabem na mesma frase neste mercado". Mas você ainda pode fazer uma coisa boa aqui se for inteligente e estiver disposto a avançar um pouco. Quero ver essa mulher com um teto próprio em cima da cabeça e vou fazer o que é preciso para isso acontecer.

O telefone toca novamente.

— Toda chamada que recebo é importante — diz ele. — Para um cliente que me telefona, eu preparo um relatório de crédito. É um modo de diagnosticar as forças e as fraquezas financeiras de alguém. Escrevo uma carta juntamente com ele. Não cobro por isso. Essa mulher de Overbrook Park precisa de ajuda porque é jovem, solteira e mãe. Preciso ser criativo para o bem dela. Posso sugerir alguns objetivos para ela tentar alcançar e reservar um tempo para conversar, e tudo isso de graça. Ela saberá quais são as suas perspectivas; saberá o que precisa fazer para pôr os negócios em ordem. E agora ela é uma amiga, não apenas uma cliente. É por isso que a minha empresa se chama Spirit Financial Group. Vem de meu relacionamento pessoal com Deus, e tem me ajudado muito. Ajudou-me até o fim de meu primeiro casamento, ajudou-me até eu recomeçar tudo e criar o meu negócio.

Qualquer um pode ver como Joe Massengale Jr. é ambicioso. Uma operação executada por um só homem para fazer diferença na vida das pessoas. Será isso superconfiança? Joe Jr. sorri.

— Meu pai ensinou-me que há uma diferença entre confiança e arrogância. Arrogância é não prestar atenção, achar que você é invulnerável. No lugar onde ele foi criado, não compreender essa distinção poderia acabar em morte. Na minha época, se a pessoa fosse demasiado confiante em nosso paisagismo e em nosso negócio de árvores, poderia ser ferida, presa ou perder o cliente. Mas, se a gente for muito arrogante em qualquer parte, terá problemas: nos negócios, no casamento, seja no que for. A raça não tem nada a ver com isso. A arrogância nos fere, não importa a etnia, e sei isso de cor. A outra lição sobre ser confiante o suficiente para construir alguma coisa é ser humilde o suficiente para saber o quão depressa a gente pode perdê-la. Crescendo em Los Angeles, vimos isso acontecer o tempo todo. Atletas, artistas, pessoas que sabíamos ter chegado ao topo, acabaram perdendo tudo.

LIÇÃO 1 – CONFIANÇA

Meu pai enfatizava que ninguém é invulnerável: mesmo os que estão no pico podem perder tudo se não tomarem cuidado.

— Meus irmãos e eu: seis meninos afro-americanos, uma casa de pai solteiro, uma das maiores cidades americanas, naquele tempo... pelas estatísticas, éramos as pessoas mais vulneráveis às drogas e ao crime. Quantos meninos nessa posição sobreviveram para tornar-se homens? Quantos estão com problemas agora? Não deixamos que o pior nos acontecesse. As pessoas me perguntam: "Como você escapou ao que acontecia com tantos outros?" Eu sempre respondo: "Meu pai". Ele nos fez acreditar que as pessoas que usavam drogas, as pessoas que arranjavam encrenca, não podiam ser tão asseadas como éramos, não podiam morar numa bela casa como nós, e nisso ele era muito claro, que éramos melhor do que aquilo, e envergonharíamos a família se nos esquecêssemos disso. Nosso nome significava alguma coisa para ele. Era o meu nome também, e tive de me consagrar à tarefa de mantê-lo honrado. Se eu fosse arrogante ou tolo, seria um erro. Se eu fosse confiante, zelaria e trabalharia para fazer esse nome significar algo positivo.

*

A silhueta de Filadélfia surge no horizonte enquanto Joe Jr. segue para oeste em direção à cidade.

— Hoje sou agente hipotecário licenciado e corretor de imóveis — diz ele. — Não foi onde comecei. Freqüentei a escola de direito em Los Angeles, pratiquei a advocacia por algum tempo e, quando nos mudamos para Filadélfia, trabalhei como corretor de valores e de apólices. Deixei essas atividades para dedicar-me ao aluguel de carros e ao financiamento de equipamentos. Depois fundei minha própria empresa. Meu casamento chegara ao fim. Estava em busca de um objetivo melhor na vida. Eu *precisava* disso. Minha própria maturidade era o elemento que faltava. Em meu primeiro casamento, minha ex-mulher e eu éramos advogados, e eu estava demasiado envolvido com o dinheiro, a carreira e o glamour que envolve tudo isso. Convivíamos o tempo todo com os nossos colegas, advogados e juízes. Lembro-me de que conversava sobre honorários, causas e nosso trabalho... nunca havia uma conversa sobre o coração, a alma, sobre o que devíamos fazer com a nossa vida aqui na terra, ou sobre o que tinha significado para nós além do carro novo e da casa de férias.

— O dinheiro não pode preencher esse vazio que a gente sente quando tem arrogância, mas não confiança. A confiança é mais profunda do que isso. Agora ela é diferente. Talvez haja aqui um paradoxo: hoje sou mais humilde, humilde o bastante para me dedicar a um propósito maior, e sinto mais confiança por causa disso. Quando nosso coração está em paz, realmente em paz, não há nada que não possamos fazer. Levanto-me e caminho cinco quilômetros todas as manhãs, como meu pai. Levo os fones de ouvido, agradeço a Deus e digo: *Que bom dia para estar vivo!* Depois disso, tudo fica mais fácil.

— Minha atual esposa, Pat, freqüentou a faculdade em West Philadelphia, a Wharton School of Business. Ela e sua família tiveram uma enorme influência sobre minha espiritualidade pessoal. Conhecemo-nos em 1991. Seus filhos estavam jogando futebol com os meus. Nessa primeira vez em que conversamos, ela me falou três coisas que nunca vou esquecer. Primeiro, disse que não marcaria encontro com um homem sem fé. Segundo, que freqüentava a igreja, na qual toda a sua família era muito ativa. E, terceiro, perguntava-me de vez em quando: quais são as suas intenções? Assunto sério para uma conversa casual no *playground*. Isso mudou a minha vida. Meu foco hoje é melhor. Antes eu confiava em mim mesmo. Hoje eu diria que minha relação com Deus é a essência da minha confiança. Acho que a de meu pai também foi essencial para a sua confiança lá no Texas.

— Portanto, não tenho muita confiança em mim mesmo; tenho confiança em algo muito maior. Deus está me dando os meios para fazer alguma coisa com minha vida. Minha compreensão disso se torna muito mais clara à medida que envelheço, e penso que aproveito esta fase mais do que qualquer outra de minha vida. Meu negócio decolou, e isso porque para mim o trabalho vem em primeiro lugar. Eis por que me dediquei a fazer um bom trabalho. Não adequado, não aceitável. *Melhor* que isso. Quero ser confiante o suficiente para atender

LIÇÃO 1 – CONFIANÇA

aos meus próprios padrões, aqueles que meus clientes sabem que estabeleci. Meu pai é conhecido por fazer esse tipo de trabalho. Aprendi isso com ele. Aos 77 anos, Joe Pai ainda visita as casas de seus clientes mesmo quando eles não estão lá, e dá uma olhada na propriedade para verificar se ela atende aos seus padrões.

Joe ri ao recordar-se:

— Lembro que uma vez estávamos trabalhando numa bela casa e minha cabeça estava em outro lugar. Meu pai me disse: "Joe, você está deixando folhas em toda parte. Essa gente não me contrata para fazer os canteiros ficarem assim". Nesse momento a proprietária aparece e nos diz: "Pessoal, não precisa ficar perfeito". Meu pai respondeu: "Madame, ele tem de ficar perfeito *para mim*". Fiz aquele canteiro ficar parecendo um assoalho varrido. Quero dizer, *imaculado*. Esse tipo de coisa aconteceu muitas vezes. E essa é uma lição que a gente deve ter em mente quando faz um negócio. Veja as empresas de hoje. Quantas delas estabelecem um padrão superior? Quantas se limitam a fazer o mínimo possível que o cliente vai aceitar? Meu negócio só melhorou quando pus em prática a lição de meu pai sobre a confiança. A arrogância toma. A confiança dá. Hoje eu dou aos meus clientes, e por isso a minha vida é melhor.

Joe Jr. pára em casa para uma refeição rápida antes de se dirigir outra vez a West Philadelphia para o estudo bíblico das quartas-feiras à noite. Ele está em toda parte, cumprimentando as pessoas, parando nas reuniões e apertando mãos até começar a sessão de estudos. Senta-se com a Bíblia aberta sobre um joelho e um bloco de anotações no outro. O Livro de Joel é o foco desta noite. A lição é sobre prioridades. As pessoas se levantam e testemunham sobre o que é importante em sua vida e sobre os momentos em que puseram as coisas erradas em primeiro lugar.

Antes de sair, Joe Jr. vai conversar tranqüilamente com alguns amigos.

— Posso fazer todas as coisas em minha vida graças a Deus, que me fortalece — diz ele ao voltarmos para casa. — Não preciso ser confiante sozinho. Sei que Ele sente confiança em mim. Minha esposa e eu temos o mesmo sentimento em relação a isso. Você deve ter sempre consigo essa confiança, e saber o que ela faz às vidas ao seu redor. Você é capaz de coisas que nem conhece, tanto boas quanto más. As pessoas vêem você, o modo como se conduz, como se relaciona com elas. Uma senhora mais idosa da igreja disse-me certa vez que admirava a maneira como eu tratava minha esposa, como lhe mostrava respeito e afeição. Eu não tinha a menor idéia de que estavam me observando, e isso me lembrou de que estamos sendo vistos o tempo todo, todos nós.

— Temos cinco filhos. Nossa filha mais velha tem trinta anos. A segunda está em Stanford. Temos um filho na Marinha, outro está cursando a faculdade em Carlisle e outro estuda na Universidade de Shippensburg. As pessoas olham para a minha família e dizem que realizamos muita coisa. Isso é bom, é bonito, mas na verdade a realização material é secundária. O principal é a força interior que vem com a confiança. Precisamos disso hoje nas famílias e nos negócios dos afro-americanos. Precisamos enfatizar a virilidade, a paternidade e a responsabilidade, para dar o melhor de nós mesmos.

Um bom nicho de mercado com uma substancial população afro-americana traria sucesso a uma empresa de âmbito local, ou mesmo a um corretor de imóveis nacional. Joe Jr. consideraria a possibilidade de trabalhar com um desses competidores maiores? Ele ri:

— Ainda há pouco me ofereceram uma chance de ir para uma empresa grande, mas... não me deixariam *dizer* o que digo hoje. Eu não poderia trabalhar do jeito que trabalho. As grandes empresas às vezes enfatizam o serviço, mas não *vivem* o serviço. Encontro outras pessoas no negócio que apenas desejam fazê-lo, receber o dinheiro, sempre falando sobre *mim, mim, mim*, e então penso: "Espere um minuto, isso não é sobre o *cliente*?"

Cita a passagem de Gálatas reproduzida no papel timbrado de sua empresa:

— Trabalhar por mim mesmo é mais difícil, mas significa que tanto posso ser um corretor de hipotecas quanto um corretor de imóveis. Se eu desistisse de desempenhar um desses papéis, não seria tão

LIÇÃO 1 – CONFIANÇA

flexível como agora. E não acho que uma equipe grande aceitaria a minha declaração missionária: *Façamos o bem a todos os homens*. Eu poderia parecer excêntrico ou estranho aos olhos deles, e posso compreender isso. Lembre-se: para mim não é nenhum sacrifício trabalhar sozinho. Acho que poderei colocar duzentos compradores em duzentas casas no ano que vem. Mas tenho um relacionamento pessoal com meus clientes que uma grande empresa poderia vetar. Renunciar a isso é até mais compensador para mim, e muito mais importante. Eu não gostaria de mudar o modo como realizo os negócios, porque o meu negócio é dar e receber de volta dez vezes mais.

— E, você sabe, as maiores oportunidades estão acontecendo. Talvez seja a confiança de meu pai agindo novamente, porque alguns dos negócios que estou fazendo são novos para mim, mas meu pai nunca disse não quando os clientes lhe pediam para tentar alguma coisa que ele nunca fizera antes. Estou entrando em círculos para os quais nunca trabalhei antes, por quantias maiores do que aquelas com que já combinei, e estou descobrindo que eles gostam do que eu tenho para lhes oferecer. Lucas 19... *Porque foste fiel no pouco, terás autoridade sobre dez cidades.* É verdade.

— Veja o meu caso e de meus irmãos. Nenhum de nós trabalha num emprego das oito da manhã às cinco da tarde. Por quê? Todos aprendemos que tínhamos o que precisávamos para sobreviver, que nossa independência não precisava ser sacrificada para vivermos a vida que queríamos. Meu pai teve seus fracassos e assistimos a todos eles. Mas sempre se recuperou. Ele nos mostrou que podíamos fazer o mesmo. Não se pode tomar a atitude de desistir. Não me canso de dizer isso aos meus filhos: mesmo quando a porta parece estar trancada, tente abri-la. Apenas tente. Foi o que meu pai me ensinou. Dê o melhor de si e acredite que as coisas boas acontecerão. Essa é a minha atitude. É daí que eu venho.

LIÇÃO 2
Perseverança

PREFÁCIO DE ANJELICA HUSTON

•

Sonho de ator: estréia, num papel cobiçado a vida inteira, perante um público de Nova York. O sonho de meu avô materializou-se na noite em que ele apresentou o seu Otelo *no Amsterdam Theatre, em 1937.*
Walter Huston tinha 53 anos. Começara a carreira aos 18, no Canadá, passando os primeiros tempos nas províncias e no meio-oeste americano. Interpretava vaudevilles *e pegava pequenos papéis nas companhias de repertório, usando trajes feitos em casa e esperando encontrar um lugarzinho para dormir em cidades onde atores não eram bem-vindos. Durante algum tempo, ausentou-se do palco — John Huston, meu pai, nasceu quando ele era gerente de uma empresa de eletricidade em Nevada, Missouri —, mas depois voltou. Queria ser ator.*
Shakespeare era o ponto alto, a obra mais arriscada, mais desafiadora e mais rica que um ator podia almejar. Quando o pano subiu, naquela noite, todo o esforço que investira anos a fio no papel iria compensar — pensava ele. Observou os colegas durante a apresentação; tudo estava indo muito bem e a platéia correspondia. "Pusemos mãos à obra e interpretamos Otelo com garra e prazer, como se se tratasse de um desafio — com todo o conhecimento que tínhamos, com todo o entusiasmo e sensibilidade que conseguíamos transmitir ao papel", *disse mais tarde.* "Acreditávamos sinceramente, tanto quanto se pode acreditar, que havíamos feito uma apresentação estrondosa, a obra-prima de nossas vidas...".

Naquela noite ele não dormiu, à espera dos jornais da manhã em que as críticas, não duvidava, seriam lisonjeiras. Não foram. Observações vagas, no melhor dos casos ("Saímos com a sensação mais de um espetáculo do que de um drama"), e contundentes, no pior. Walter era a vítima principal: teria sido "moroso", "displicente".

Walter ficou arrasado. Contou que aquele fora o seu primeiro fracasso em treze anos, mas acho que isso não pode ser verdade. Ninguém passa tanto tempo sem tropeçar. De fato, ele deve ter sentido que falhara centenas de vezes antes daquela, e mesmo em toda a sua tentativa de ser ator. Mas familiarizara-se com o fracasso e até lhe compreendia o valor. O fracasso — dizia, "lhe dá mais lucidez e faz empreender um balanço das contas". Lembrava-lhe a necessidade de perseverar, assumir riscos, não presumir nada e prestar atenção a tudo, sempre, pois não existe garantia de sucesso. O sucesso tem de ser conquistado e se você o conquista uma vez, tem de conquistá-lo de novo. De um modo geral ele estava certo, é claro, mas errava numa coisa. O fracasso, em si, não nos induz a fazer nada. Walter teve a persistência e a sabedoria para usar o fracasso. Um outro teria desistido muito antes de subir ao palco, aquela noite, ensinado pela experiência. Sem energia, o fracasso pode pôr termo aos nossos sonhos. Com energia, o fracasso costuma torná-los reais.

Se Walter Huston houvesse desertado o teatro aquela noite, ou antes, quando cantava para pequenos auditórios no circuito de vaudeville do interior canadense, minha vida — se eu por acaso me encontrasse por aqui — teria sido bem diferente. Creio que Walter entendia profundamente o fracasso antes de interpretar Otelo naquela ocasião e aprendera muito com ele. Não mais o receava. Fez dele o seu mestre. Conhecia-o pessoalmente e sabia que se encontrariam de novo. Meu pai também ficou acordado aquela noite e, depois de ler as críticas, correu ao quarto de Walter no Waldorf, esperando, creio eu, consolá-lo das más notícias. Ainda no corredor, ouviu Walter rindo a bom rir. Já lera os jornais. Ficara colérico e um tanto amargurado, surpreso e desapontado, mas sabia que aquilo não era o fim. Lá se via de novo às voltas

LIÇÃO 2 – PERSEVERANÇA

com o fracasso e ria com ele, como riria com um velho professor durão e de confiança. Sim, os dois estavam rindo juntos.

Anjelica Huston é atriz premiada com o Oscar e diretora respeitada pela crítica.

JOE MASSENGALE folheia o álbum de fotografias e recortes de jornal sobre seus êxitos e os dos filhos.

— Quem crescia em Marshall, Texas, naqueles anos, tinha de ouvir coisas que nem mesmo adulto deveria ouvir, muito menos uma criança — diz ele. —Mensagens de ódio. Momentos em que as pessoas querem te fazer acreditar na própria insignificância, na impossibilidade de acariciar sonhos. Isso era péssimo. Muita gente desistia. Eu só observava as coisas acontecerem.

— Meu pai nunca desistiu. Talvez fosse algo herdado da família, não sei... Mas, enquanto viveu ali em Marshall, criando os filhos, seu ânimo jamais desfaleceu por influência do lugar. Acreditava nele mesmo e em nós; seu coração era mais forte que a época e o ambiente. Trabalhou duro, mas não apenas para nos alimentar. Queria nos convencer de que uma vida melhor é possível. Por isso insistiu que todos fôssemos à escola e à igreja e ainda se fez de exemplo para nós. Nunca se permitiu desanimar. Quando faltava dinheiro ou algo ruim acontecia, bem... ele simplesmente trabalhava dobrado.

Joe tinha só 11 anos quando a responsabilidade de cuidar da família lhe tocou.

— Meus irmãos mais velhos tinham ido para a Califórnia a fim de arranjar emprego nas docas, e eu fiquei sendo o mais velho em casa. Meu pai cortava madeira. Era o que sabia fazer. Disse-me: "Olhe aqui,

Joe, precisamos de algum dinheiro para consertar esta casa e arrendar alguma terra de plantio. Vou trabalhar na serraria de Carthage, a uns trinta quilômetros de distância, e trarei meu salário todos os fins de semana. Você tomará conta de tudo por aqui. Sabe arar, sabe plantar milho e algodão. Sempre viu isso e deve conhecer o ofício. Vamos levar adiante este nome: você é um Massengale. Mostre ao papai do que é capaz".

Voltava para casa aos sábados e me dava cinqüenta centavos, ou coisa que o valha, o bastante para comprar dez sorvetes. Aquilo era dinheiro! Mas as coisas não eram tão simples assim. Aborrecia-me o fato de eu não retribuir nada, nada do que achava lhe dever. No entanto, supunha ser capaz de fazer o que ele me pedira. Aqueles trinta acres tinham de ser arados, fertilizados e plantados. No verão, meu dia começava antes do nascer do sol. Mamãe mandava as meninas nos levarem o almoço e labutávamos até o anoitecer.

— Isso deu ética ao meu trabalho. Gostava de ver os resultados do que fazia, gostava de saber que estava cuidando de minha família. Vejam o que isso me proporcionou. Quando entrei para o colégio, engraxava sapatos, servia café na estação rodoviária, ganhava dinheiro. Sentia-me feliz quando ia ao mercado Solomon, na esquina onde trabalhava de engraxate, e comprava alimentos para a família. Isso me fazia sentir bem e ir em frente.

— Lembro-me das muitas vezes em que as pessoas pasmavam para meu pai, admirando-lhe a força. Todos o estimavam muito. Queriam saber o que ele pensava sobre certos assuntos. Gostariam que os liderasse. Admiravam a maneira com que ele zelava pela família, trabalhando honestamente o tempo todo. Jamais embolsou um centavo sem merecê-lo. Você vê as coisas como todos vêem, coisas com as quais temos de lidar, e talvez pense que não tem forças para conquistar o que deseja. Talvez sinta medo de tentar. Mas, no fundo de minha mente, estava sempre a idéia de que podia fazer cada vez melhor. Não sei o que me levou a pensar assim. Meus pais nunca se sentavam conosco para conversar a respeito, ainda mais que, embora criança, eu tinha de trabalhar dez horas por dia em troca de vinte e cinco centavos. As pessoas não costumam falar sobre grandes sonhos ou coisa semelhante. Mas percebíamos isso no caráter de nossos pais, naquilo que eles empreendiam, no modo como se comportavam: era o exemplo que tínhamos. Meus pais me ensinaram a pensar, isso é tudo.

Joe sorri, lembrando-se da alusão que um colega de escola de Pemberton fez ao tempo em que alguns alunos riam dele por não ter nada.

— Eu era um dos garotos que moravam fora da cidade. Alguns de nós pegávamos carona em caminhões de madeira para ir à escola, situada a uns trinta quilômetros de distância. Os meninos da cidade nos conheciam. Comentavam sobre nós. Riam-se da nossa pobreza e da nossa fome. Não se pode debochar das pessoas pelo que elas não têm. Um dia estamos por cima, outro por baixo, nunca se sabe. Irritava-me ser desprezado por não possuir alguma coisa, o que não chega a ser ruim mas pode nos deixar amargurados. É preciso ter tino. A raiva fortalece quando a usamos sabiamente; a amargura nos arrasta mais para baixo ainda. Eu sentia raiva; mas a raiva não suscitava em mim espírito de vingança, despeito ou medo; não me levava a queixar-me do que podia ou não podia fazer. Só me fortalecia.

Não iria, pois, permitir que me prescrevessem aonde poderia chegar. Esta é a mensagem que algumas pessoas nos tentam transmitir: fique contente com o que tem porque não vai conseguir coisa melhor. Você bem pode imaginar o que significa levar a infância que levei, sendo xingado pelas pessoas, sendo escarnecido por quem tinha mais que eu. Isso pode acabar com qualquer um. Mas eu disse não; iria conseguir muito mais. Perseverar é necessário para continuar avançando sem se deixar atrapalhar pelo que os outros pensem. Você precisa dar a si essa oportunidade.

Quando comecei a trabalhar com paisagismo aqui em Los Angeles, tive de bater a muitas portas. Um afro-americano procurando emprego em Beverly Hills, nos anos 1950 e 1960, chamava a atenção, é claro. Lembro-me da primeira vez em que eu e meu sócio saímos a campo. Tínhamos um caminhão alugado e nenhum lugar para dormir, nem dinheiro. Dirigimo-nos a um belo bairro e começamos a tocar campainhas. O tempo urgia e precisávamos de dinheiro, por isso não desistimos. Cento e cinqüenta pessoas disseram não. A centésima qüinquagésima primeira disse sim.

É preciso muita garra para agir desse modo.

— Sem dúvida — prossegue ele. — Pois é perigoso apenas ficar sentando, esperando: você fica amargo. Se deseja alguma coisa, levante-se e aja, saia e converse com alguém. Bata a uma porta. Não pare. No fim, encontrará o que quer.

*

Joe veio em definitivo para Los Angeles em 1947. Seu irmão mais velho e a cunhada viviam num pequeno apartamento dúplex no centro-sul da cidade, ainda o coração da comunidade negra local. Acolheram-no enquanto ele estudava no Los Angeles City College e iniciava seu negócio de paisagismo.

O centro-sul era o destino final de milhares de pessoas como Joe, todas rumando para oeste em busca de uma oportunidade na florescente economia do pós-guerra. Ele morava a poucas quadras da Central Avenue, a longa espinha dorsal da comunidade afro-americana que corre para o sul desde o centro de Los Angeles. Essa vizinhança cresceu rapidamente durante a primeira metade do século XX, devido tanto ao influxo constante de novos moradores quanto às práticas imobiliárias francamente racistas (os proprietários se recusavam a alugar ou vender para negros) ou disfarçadamente preconceituosas, sob a égide dos "acordos de restrição", as políticas segregacionistas e as orientações legais de zoneamento e regulamentação de propriedade que impediam os negros de alugar ou adquirir imóveis em outras áreas de Los Angeles, que na época se estendiam em novos bairros para o norte e o oeste. Espremidos no centro-sul, os afro-americanos criaram uma cidade dentro da cidade, ao longo da Central Avenue, abrindo suas próprias lojas, bancos, funerárias e restaurantes.

Os negros não eram bem-vindos em outras partes da cidade, mas o centro-sul atraía muitos brancos. William Randolph Hearst, Mae

West, John Steinbeck e Orson Welles faziam ponto ali. Como seria de esperar, a Central Avenue foi o centro das primeiras agitações do movimento pelos direitos civis, quando os músicos negros, impedidos de entrar para a American Federation of Musicians, formaram sua própria entidade e os jornais em mãos de proprietários negros começaram a bradar contra as barreiras raciais em filmes e musicais.

Dos bosques ao redor de Marshall, Joe Massengale, pai, saltara para um dos centros sociais de Los Angeles, o coração do cenário do jazz na Costa Oeste. Adolescente ainda, Joe ficou embasbacado desde o momento em que pôs o pé fora da Union Station. Percebeu, ao ouvir música nas ruas do centro-sul, que Los Angeles era o lugar onde gostaria de passar o resto da vida.

*

Os bondes desapareceram da Central Avenue e o trânsito é lento. Os velhos restaurantes e barzinhos cederam espaço a franquias e lotes vazios. Todos os antigos clubes noturnos desapareceram há muito tempo. O Lincoln, único capaz de acomodar a orquestra de Duke Ellington, transformou-se numa igreja. O Babe's and Ricky's, último sobrevivente da área, fez seu espetáculo de despedida em 1996 e cerrou as portas. A seção leste do centro de Los Angeles, conhecida aqui como Skid Row, compõe-se de cinqüenta quarteirões compactos, a maior vizinhança desse tipo nos Estados Unidos. Não se pode calcular exatamente a população, mas deve chegar a trinta mil. As pessoas vivem em abrigos, caixas de papelão, ruínas de hotéis outrora esplêndidos como o Rosslyn ou o Cecil, carros, barracas, vãos de pontes ou mesmo calçadas. Famílias inteiras fazem fila diante de missões religiosas que servem milhares de refeições por dia. Placas proibindo dormir na rua apontam aqui e ali, mas, com centenas e centenas de infratores por noite, a polícia se vê de mãos atadas.

O centro de Los Angeles está voltando à vida. O novo Staples Center é o lar dos Lakers; a nova catedral de Nossa Senhora dos Anjos e o Walt Disney Concert Hall, famoso por sua concha de aço inoxidável de Frank Gehry, consumiram milhões de dólares em investimentos recentes. Mas, à medida que Joe vai circulando, vê-se que o mais desamparado distrito da nação não passa de um monte de lixo, fumaça e sofrimento.

— Cheguei a trazer meus filhos aqui, quando eram pequenos, para verem como estas pessoas vivem. Não é culpa delas. Alguma coisa aconteceu: uma doença, um mau passo nos negócios, problemas domésticos, sabe-se lá o quê. Depois, não conseguiram mais sair da miséria. É a maneira de encarar as coisas que deixa você extremamente vulnerável, caso não tenha cuidado. Veja quais são as vítimas. Milionários. Astros de cinema. Têm sorte a vida toda e, de repente, acontece. Muitas pessoas de quem eu gostava no mundo da música se acharam grandes e perderam tudo: criaram beleza na arte e desgraça na vida. Perseverança não significa que estamos imunes a tudo. Significa aceitar o que der e vier, sem perder a esperança de recuperar-se. Eu dizia sempre aos meus filhos: "Podem me derrubar, mas não podem me segurar no chão". Essa também era a atitude de papai, da qual ele nos dava exemplo. Não se pode proteger os outros de perdas e fracassos, mas é possível incutir-lhes força para que não se sintam derrotados.

Joe espraia os olhos por uma alameda. Nas sombras, um renque de barracas improvisadas aponta ao longo de uma loja vazia.

— Amigo, desabafa Joe, se não sentir piedade dessa gente, então há algo de errado com você.

— Ensinaram-me a procurar fazer sempre o melhor. Meus pais me mostraram como. Eu tinha um plano. Jamais pensaria de outro modo, jamais tiraria as conclusões erradas, jamais me meteria em encrencas. Formei-me no colégio; tinha irmãos aqui; adotara uma maneira mais sadia de pensar, para não ser amargo nem medíocre, para não provocar confusões. Há pessoas que, da vida, só querem briga.

Comprei minha primeira casa no centro-sul por seis mil dólares. Trabalhava na North American Aviation durante o dia, voltava à tarde, saltava para o caminhão e saía atrás de algo para fazer. Aqui só anoitece depois das vinte ou vinte e uma horas, no verão, e às vezes eu ia até perto de San Diego. Isso me garantia o salário. Sempre tive fregueses fiéis. Mas não convém amolecer. Se eu não saísse atrás do trabalho, o trabalho não viria até mim. É preciso ter força de vontade para continuar avançando.

Quando meus filhos trabalhavam comigo, conversava muito com eles a esse respeito. Dizia-lhes: "Se não querem ficar trepando por estas árvores a vida inteira, melhor estudar e preparar-se para a carreira que escolherem. Vocês sabem que podem consegui-lo. Se tiverem força de vontade, farão qualquer coisa que decidirem".

*

De volta a Baldwin Hills, o centro da cidade parece uma miragem no horizonte, enquanto Joe prepara o jantar. As casas aqui são bem-equipadas e a dele não é exceção. Há jazz tocando e a mesa está coberta de iguarias. Joe dá graças tal como outrora Hugh Massengale diante da mais modesta das refeições em Crossroads:

— Pai do Céu, agradecemos-Te o alimento que vamos consumir para a nutrição de nosso corpo. Em nome de Jesus, amém.

Antes de começar, acena para o balcão da cozinha, onde se vê um vidro cheio de moedas até a metade.

— Já na faixa dos sessenta, eu tinha tudo o que um homem gostaria de ter. Uma fazenda de dez acres. Cavalos de raça. Um Rolls Royce. Foi quando comecei a guardar moedas. Todos os dias punha algumas naquele jarro, já que nunca se sabe... Boa coisa, pois de repente fui à falência. Tive de vender a fazenda e quase todos os cavalos. Isso acontece. Não importa quem você seja. Olhe os empresários que são vítimas de recessões ou contratempos. Hoje, uma mansão faz você se sentir seguro; amanhã, a economia foge debaixo de seus pés e, se você não estiver preparado, pode ser a coisa mais perigosa que pode lhe acontecer. Convém se cuidar de uma maneira ou de outra, com bastante "jogo de cintura" e lucidez quanto ao que deverá fazer. Assim, quando tudo ruiu, pude recolher dez dólares em moedinhas do jarro, comer um sanduíche e comprar gasolina o bastante para ir a Los Angeles, onde tinha amigos e clientes. Cheguei, arranjei um emprego e comecei a trabalhar.

LIÇÃO 2 – PERSEVERANÇA

Você só sabe o que lhe aconteceu, nunca o que lhe acontecerá amanhã. É melhor então ter alguma coisa de reserva porque haverá um dia em que vai precisar dela. E talvez seja tudo o que terá até se colocar novamente de pé.

— Hoje, para mim, é difícil voltar a Marshall. Não tinha nada quando morava lá, nem sapatos, só fome o tempo todo. Agora tenho o bastante. Recomendam-nos que não olhemos para trás, mas isso é impossível. Não quero esquecer de onde venho. Faz-me bem recordar tudo o que meu pai fazia para nos manter vivos e esperançosos, tudo o que precisei empreender para chegar aonde estou. Não fico remoendo nada, apenas sou assim. As pessoas se esforçam. Todos nos esforçamos. Você pode lamentar isso ou ver como fonte de energia. Eu fui motivado a ser algo mais.

Foi o presente que ele me deu: depois de tantos anos trabalhando com meu pai e meus irmãos, sei que posso confiar em mim mesmo para fazer da vida aquilo que quero, ou construir uma carreira há muito sonhada. Assim fui criado. Seja versátil. Acredite em você mesmo. Dê o melhor em tudo o que fizer.

Michael Massengale, segundo filho de Joe, mora na área de Mar Vista, em Los Angeles, um bairro com muito verde, jardins bem-cuidados e grandes bananeiras. Alto e gentil, Michael deixa a porta da frente de sua casa aberta à brisa do oceano e ao seu amiguinho Zane, um vizinho louro e de olhos azuis, de cinco anos, que entra e sai como se morasse ali. Na sala, Michael tem um par de luvas de borracha do Incrível Hulk, esverdeadas e com bateria que produz efeitos sonoros, pois Zane gosta de aparecer com seu próprio par e trocar socos com ele. Zane, há pouco, trouxe uma babá até a porta de Michael e deixou-a com a esposa deste, Letícia, enquanto saía à cata do amigo. A babá, nova na área, perguntou:

— Esse Michael é pequeno?
— Mais ou menos, respondeu Letícia. Só que tem cinqüenta anos.
— A culinária é outra válvula de escape criativa, assegura ele com um sorriso. Roubo receitas em toda parte.

Também treina atores em casa e faz reuniões de trabalho com o pessoal de seu negócio imobiliário. Nos fundos há uma balança e um monte de lenha. Ele próprio a corta.

Sobre o computador, no quarto, uma série de porta-retratos. No verso do seu, uma longa lista de instrutores de dança, interpretação, canto, entrevistas para câmeras, improvisos e créditos cinematográficos em letra elegante. Michael começou a atuar criança, interrompeu a carreira para acompanhar o irmão mais velho Joe Jr. na faculdade de Direito e depois a retomou, aos quarenta anos. Um parente mais cético lembrou-lhe polidamente que talvez estivesse "um pouco velho demais para ser Denzel". Michael riu e replicou: "Já existe um Denzel e, além disso, que quer você? Vou continuar envelhecendo. E

LIÇÃO 2 – PERSEVERANÇA

mais: faço o que tenho vontade de fazer. Estou adorando tudo isso".

Teria ele aprendido do velho Joe alguma lição especial que o ajudou a vencer? Michael pensa um pouco e declara: — Perseverança.

Durante a maior parte da vida meu pai nunca teve salário fixo, algo com que pudesse contar quinzenalmente. Quase sempre trabalhou por conta própria. Engraçado, meus irmãos e eu também somos assim. Por vezes arranjamos emprego, mas hoje temos independência completa. Escolhemos ser nossos próprios patrões e fazer a vida por nós mesmos. Não é nada fácil. Há dias em que se fica de papo pro ar, outros em que o trabalho se acumula. Mas pode-se sempre contar com a satisfação de caminhar com os próprios pés.

Fui empregado por dez anos, trabalhando como advogado numa companhia de seguros. Tinha lá suas recompensas, mas era o tipo de cargo no qual ninguém progride muito. Você se eterniza na função em que mostra competência e se acomoda.

Acordei em 1996. Sofri um acidente numa estrada coberta de gelo perto de Lake Tahoe. Parti duas vértebras do pescoço. Quando me puseram na maca, flexionei as mãos e as pernas para ver se conseguia me movimentar. Durante a recuperação, pensei que poderia ter morrido ou ficado inválido. Disse então para mim: "De agora em diante, farei tudo diferente".

A maioria dos atores em Los Angeles não é paga para atuar. A Liga dos Atores Cinematográficos deixa claro as dificuldades de ganhar a vida em semelhante profissão e aconselha os candidatos a encará-la como parte de um projeto em que as considerações realistas (comer, ir ao médico, pagar o aluguel, pôr gasolina no carro) devem vir antes. Mesmo os talentosos precisam ter em mente que se trata de um luxo pelo qual talvez não possam pagar durante algumas semanas ou meses. Muita gente promissora simplesmente não se pode permitir tal coisa. Você precisa de um plano B para executar o plano A.

— Ganhar dinheiro como ator pôs à prova tudo o que aprendi de papai: persistência, fé, paciência — diz Michael. — Isso é mais importante até que as habilidades técnicas ou a boa aparência. Caras bonitas são comuns no ramo. Você é testado em outras coisas. Meu pai era forte num ponto que jamais pensei alcançar; mas agora que estou cinqüentão... bem, acho que o sou mais do que imaginava. Eis o que realmente faz a diferença.

Lembro-me de ter saído muitas vezes com ele de caminhão, sob um verdadeiro pé-d'água. Dizia-lhe: "Pai, vamos dar o fora daqui" e o velho respondia: "Não, vamos esperar passar". Uma decisão empresarial, certo? Com chuva ou sem chuva, se você não tenta, não arranja trabalho. Eu pensava não possuir aquela força, aquela disposição para prosseguir, para bater de porta em porta. Rezava para ter pelo menos um pouco. Em primeiro lugar, não achava que aquilo fosse acontecer; em segundo, que estivesse em meu temperamento. Mas aconteceu: quanto mais velho fico, mais me convenço de que o filho nunca sai muito diferente do pai. Vejo isso em meus irmãos também.

E as coisas nem sempre correm bem. Houve trabalhos que eu quis largar. Fiz um filme em quatro fins de semana seguidos à noite, sendo chamado a altas horas. Era cansativo. Mas um molenga não ganha nada. Não se deve largar impensadamente uma coisa por outra que parece melhor. Paga ou não, fácil ou difícil, é preciso saber algo sobre persistência e responsabilidade. Tem-se o melhor quando se pode. É aí que está a graça. Fazer tudo direito, cumprir o prometido, dar o melhor de si.

Meu pai costumava dizer: "Se me derrubarem, eu me levantarei". E estava certo. Posso fazer cem testes num ano e só pegar três trabalhos. Ao pegar um, é uma maravilha.

Alguns atores não querem saber de publicidade. Compreendo que, se você for um ator de certo tipo, o comercial pode comprometer seu trabalho atual... mas dizer que não se mete nisso porque interpretou *Macbeth* na Broadway, faça-me o favor! Isso não é nada realista. *O orgulho precede a queda*, certo? Já eu digo sempre: "Obrigado, Senhor, eis-me aqui fazendo o que me dá prazer!".

— Por falar em perseverança, continua, acaba de me cair nas mãos um negócio que preciso conduzir sem pressa. Trata-se da escritura de duas glebas nas Pacific Palisades. Sou ao mesmo tempo o vendedor e

LIÇÃO 2 – PERSEVERANÇA

o representante dos compradores. Quando se faz esse trabalho duplo, é necessário tratar ambas as partes com a mais escrupulosa integridade para deixar todo mundo contente. É um negócio de vulto e levará tempo. Não vai ser realizado num passe de mágica. Terei de me ocupar dele em todas as etapas.

Meu pai sempre tratava os negócios assim. Não importava no que se envolvesse: árvores, corridas de cavalos, música ou sermão na igreja. Levantava-se às 5 h da manhã, já planejando o que iria fazer durante o dia. Cara, isso é força de vontade! Dizia-nos: "Já estou de pé, levantem-se todos também", e nós obedecíamos. Lembro-me de uma vez em que voltei da escola e fui assistir ao programa *Today*. Papai observou: "Esses caras aí já ganharam o dinheiro deles. Vamos ganhar o *nosso*". Sua motivação era vencer todos os dias, *todos os dias*.

Você fica conhecendo todo tipo de pessoa no negócio de árvores. Trabalhávamos para os ricaços, mas às vezes éramos expulsos pelo jardineiro, se ele achava que estávamos lhe tomando seu espaço — isso quando o vizinho, debruçado na cerca, não nos recriminava por estarmos ganhando muito dinheiro. As melhores lições de interpretação que jamais tive me vieram do trabalho em Beverly Hills, Burbank e San Diego. Às vezes precisava subir trinta metros por um eucalipto, com uma serra na mão, e, se quer saber, nessas condições é muito fácil a gente se ferir seriamente se não prestar muita atenção. Papai ficava embaixo, dando-me instruções: onde pôr o pé, como fazer as coisas direito. Foi o primeiro e melhor diretor que tive. Acompanhava escrupulosamente cada etapa do trabalho — dizia-nos como entrar em cena, cumprimentar, atuar. Trajávamos uniformes muito limpos. O caminhão era lavado com freqüência. Papai exigia que, depois de tocar uma campainha, recuássemos um passo para que quem abrisse a porta pudesse nos ver de corpo inteiro. Quanto à qualidade do trabalho, não há o que discutir: éramos bons naquilo que fazíamos. Mas isso constituía apenas uma parte do negócio e, em diversos aspectos, a mais fácil. Receber o pagamento, garantir a satisfação do cliente, deixar boa impressão, isso também era importante.

Pode acreditar, o trabalho físico tem muito a ver com reflexão, com atenção aos pormenores. Por isso ele é divertido e um ótimo adestramento para o ator. Não importa se é atletismo, interpretação ou vendas. Todo tipo de serviço tem um componente físico, quer você vista uma toga num tribunal ou um macacão numa árvore. O modo como nos sentimos em determinada situação é metade do trabalho. Você está à vontade, concentrado, mostrando a cada passo que é um profissional de confiança e sabe o que faz? E consegue enfrentar contratempos sem perder a compostura?

Um dos trabalhos mais pesados que pegamos foi a remoção de um bosque de árvores enormes numa propriedade da área oeste de Los Angeles. Meu pai disse ao proprietário: "Sim, podemos fazer o serviço" — e serviço daquele porte nunca havíamos feito! Céus, eram árvores gigantescas! E só tínhamos dez dias de prazo. Passei boa parte do tempo a vinte, vinte e cinco metros de altura, preso a um galho pelo cinto de segurança, empunhando a serra e de olho nas instruções de meu pai. É coisa difícil e perigosa. Sabe como é, para um ator, seguir as instruções do diretor? Pois ali eu podia aprender bem isso. O homem, do chão, determina onde você vai pôr o pé e é melhor não discutir.

Em dez dias, o serviço estava feito e o cliente nos levou para almoçar. Aquilo foi ótimo. Trabalhos assim me davam grande confiança em mim mesmo, por minha perseverança e satisfação por conseguir executá-los bem. Essa experiência passou para o que faço agora.

Alguém criado na mesma situação de Joe acreditaria ter muito o que superar. Michael concorda; mas nem todos têm o pai que ele teve.

— Você pode dizer que Joe Massengale tinha o direito de falhar, de perder, pois veio do nada. Mas ele queria mais e sabia ser forte o bastante para consegui-lo. Observava os que se saíam bem na vida e dizia: "Por que não posso fazer o mesmo?". Pôs mãos à obra, economizou e prosperou. Poderia ter dado ouvidos a quem lhe falava de suas limitações, mas não deu. Nunca se contentou com pouco. Falhar sim, perder nunca. Essa era a sua força, a força que ele me transmitiu. Fui

LIÇÃO 2 – PERSEVERANÇA

em frente. Dissessem o que dissessem, eu iria em frente. Daria de cara no chão, mas isso não é o mesmo que perder — você só perde quando não tenta.

Só quem se levanta bem cedo pode nos dizer onde podemos ou não chegar. Meu pai fez de tudo, menos morrer; viu tudo, menos Deus; esteve em toda parte, menos no céu. E ainda anda por aqui. Eu também. Acordo todos os dias e penso: "Outra oportunidade de ouro para conquistar alguma coisa. Posso falhar hoje, mas me levantarei". Como o velho Joe: "Estou de pé, levantem-se todos. Não ganharão nada ficando esparramados por aí".

*

Numa manhã úmida de inverno, o trabalho de Michael o chama ao auditório da Manchester High School, ao sul de Los Angeles, para ensaiar uma peça amadora.

North on South Central Avenue é um musical sobre a idade do ouro do jazz em Los Angeles, aquela que o pai de Michael viveu de perto há meio século.

A peça precisa de um lar. Foi reprisada inúmeras vezes no Stella Adler Theatre em Hollywood, no Barnsdall Gallery Theatre e no Madrid Theatre em Canoga Park. Mereceu ser selecionada como "grande exibição de estréia" no Miles Memorial Playhouse de Santa Mônica. O jornal *The Los Angeles Times* comparou-a a *Chicago*, que ganhou um Oscar. Os participantes desta noite virão de seus empregos enfrentando o trânsito pesado da cidade. Não há cenário nem móveis, apenas um piano e alguns atabaques para a banda, mas, após cinco anos trabalhando juntos, atores e músicos conhecem tão bem seus papéis que aquilo para eles é mais uma reunião que um ensaio. Ninguém precisa de texto.

Boa parte de *North on South Central Avenue* se passa em *flashbacks*. A cena avança e recua entre o ponto de ônibus de hoje e a Avenue em seus grandes dias, para captar a atmosfera de fascínio e musicalidade dos tempos em que "o *swing* era a lei e o jazz era o rei": tudo muito simples, nostálgico mas não meloso, com a grandiosidade da melhor música já feita nos Estados Unidos e a tristeza de vê-la desaparecer ante a degradação do centro-sul.

O diretor dá algumas instruções, mas são só pequenos ajustes. Todos já estão mais que prontos nesta noite.

O espetáculo, uma semana depois, é num domingo, no Super Bowl. Talvez a pior noite do ano para uma apresentação única, mas a casa está cheia. Verdadeira jóia dos bons tempos da vida noturna de Los Angeles, não há lugar melhor para encenar *North on South Central Avenue*. O interior é luxuoso, com tons azuis profundos, carmesins e dourados. A área diante do palco lembra os clubes-restaurantes, com mesas e cadeiras. O público é parte do espetáculo.

A cortina vermelha está baixada, e o piano toca "They Can't Take That Away from Me" enquanto o público se instala. O velho Joe Massengale senta-se e nota que a multidão mista lembra muito a dos clubes que ele amava na adolescência.

— Era mais ou menos assim na Central Avenue. Gente de todo tipo se divertindo exatamente da mesma maneira.

Só o que se vê é um cartaz com as palavras "Bus Stop, Central Ave." e um banco no nível da platéia, à esquerda do palco. Enquanto as luzes se apagam, um velhote de chapéu alto e óculos de aros dourados avança lentamente pela multidão e senta-se ao lado de um rapazola, para esperar o ônibus 54 que vai para o sul. Dispondo de uma hora até que passe o próximo, Willie conta ao jovem como era antigamente a Central e fala sobre os negros que migraram para oeste vindo da Luisiânia, Mississippi e Texas atrás de oportunidades, trazendo consigo sua música.

North on South Central acompanha o jovem Willie do Mississippi a Los Angeles. Ele deixara para trás sua amada esposa Birdlegs, até encontrar trabalho e buscá-la. Boa parte da ação ocorre no interior do Alabam, onde Willie arranja emprego como guarda noturno, bem no coração do mítico cenário musical.

O enredo entrelaça a história de Willie com a dos proprietários do Alabam, L. C. e Eloise Lomax, sua família adotiva, e os inimigos do casal, o mafioso branco do "pedaço" Manny Brandenberg e seu comparsa negro Curtis Moseley, que tentam apossar-se do clube. Como no verdadeiro Alabam, alguns dos grandes artistas da época dão o ar da graça: Ella Fitzgerald, Dorothy Dandridge, Sarah Vaughan, Billie Holiday, Little Walter, Nat King Cole e Dinah Washington cantam os clássicos de outrora. Nem tudo é alegria. Há as confusões, os bêbados, as drogas. Willie tem de repelir os avanços das coristas enquanto Birdlegs ainda espera ser chamada do Mississippi. Lady Day quase não consegue concluir "God Bless the Child" e ameaça com uma faca o fã atrevido que não se contenta com um simples bis. Willie ouve os donos do clube advertir que é "arriscado" perambular pelas vizinhanças.

— O centro-sul há cinqüenta anos... — diz o jovem. — Parece que as coisas eram boas por aqui. Gostaria que voltassem.

— Podem voltar, assegura Willie. Podem mesmo. Basta que vocês parem de espalhar tanta tinta e balas pelas redondezas. Nada que um velho camarada do Mississippi não consiga modificar... Vocês poderiam inverter tudo, meu filho. Há sempre uma maneira melhor de resolver as desavenças. Sou Willie Robinson, prazer em conhecê-lo...

A palavra final é de Michael. O rapaz pergunta o que foi feito dos velhos clubes e Willie, com olhar sonhador, recita o obituário da Central Avenue, citando os lugares há muito desaparecidos: Downbeat, Club Memo, Ivy's Chicken Shack, Plantation, Club Alabam. Para o público, relata o declínio testemunhado por Joe:

— Os bondes da Central Avenue cederam lugar aos automóveis. As grandes indústrias se deslocaram para os subúrbios. O desemprego aumentou e o pessoal do lugar já não podia gastar com diversão. Assim, os grandes clubes foram decaindo aos poucos. O rap substituiu o jazz e as delicadas lembranças da época precisam reinventar-se para permanecer na história.

Dolorosa para o velho Willie foi a perda de Birdlegs, morta num assalto no centro-sul há pouco tempo. Esse é o grande momento do ator: depois de uma noite de música trepidante, o Music Box mergulha em silêncio. Trezentas pessoas contêm o fôlego enquanto o velho

Willie encara o fantasma da esposa — diz-lhe que tem saudades e promete juntar-se a ela em breve.

Depois de chamado insistentemente à cena, Michael Massengale aparece e, mostrando nove dedos, anuncia que *North on South Central Avenue* acaba de receber nove indicações para o NAACP Theatre Awards, incluindo: Melhor Conjunto, Melhor Peça e Melhor Diretor. Todos do elenco cobiçam o prêmio maior de todos: a Broadway.

North on South Central Avenue é um investimento com sabor especial para Michael Massengale por muitos motivos. Como um dos patrocinadores do espetáculo, obviamente deseja seu sucesso. Como ator, esse é um papel constante para ele, ao qual retorna sempre cheio de idéias novas para testar. Além disso, trata-se de um tributo não apenas a Joe, mas também a outras pessoas que Michael conheceu e amou em sua história familiar que remonta a Marshall.

— Quando interpreto o velho Willie, interpreto meu pai, meu tio, minha avó. Gente de carne e osso que vi, conheci — diz ele após o espetáculo. — Papai falava sobre a Central Avenue o tempo todo. Quando fiz o teste para a peça, em 1999, estava retomando a carreira de ator. Não era muito bom, mas o papel significava tanto para mim que me empenhei a fundo. A história de meu personagem é quase a de meu pai. Ele saiu da Sunset Limit e desembarcou na Union Station. Morou no centro-sul, numa casa tão pequena que tinha de sair para achar espaço ao entrar. Ele gostava da vizinhança, sobretudo porque viera do leste do Texas com dezoito, dezenove anos, sem conhecer a cidade e percebendo logo como poderiam ser as coisas para quem estava acostumado a não ter quase nada. Falava-nos o tempo todo sobre o Ivy's Chicken Shac e o Alabam. Em suma, apaixonou-se por Los Angeles na hora.

Meu pai me revelou algo que jamais esqueci: a diferença entre fingir e representar. O público a percebe logo. Você pode ter um excelente desempenho técnico, com a pronúncia, o porte e a atitude mental corretos, e ainda assim não transmitir emoção. A interpretação verdadeira tem vida — as pessoas se esquecem de que você está representando e tomam o personagem por uma criatura. É isso o que sempre procuro fazer, indo cada vez mais fundo.

Michael sorri à lembrança de seu trabalho na época em que resolveu retomar a carreira de ator.

— Fui ridicularizado, amigo... Eu tivera uma má noite, abalado pela ansiedade da estréia, pela inexperiência, e não consegui me sair bem. Mas dei a volta por cima. Fui mau até ficar bom. Aprendi. Agora trabalho muito porque fui perseverante.

Vi uma entrevista com Anthony Hopkins, que girava em torno dessa mesma idéia. Lá estava um ganhador do Oscar, brilhante no palco e na tela, um homem sem mais nada para provar, mas que na véspera do primeiro ensaio de uma peça ou filme já tinha lido o roteiro umas duzentas vezes. Hopkins é contratado apenas pelo nome. Não precisa mais do que sua reputação. Mas faz cada trabalho como se fosse o primeiro e sente-se feliz pela oportunidade. Para ele, não é questão de fama. É questão, ainda, de *fazer melhor*. Outro exemplo: Anjelica Huston. Em seu primeiro papel, foi massacrada. Voltou e ganhou o Oscar, além do Globo de Ouro. Hoje, é diretora. Nunca deixou de se esforçar para crescer cada vez mais.

Eis o que é perseverança. Segundo alguns atores que conheço, o êxito se deve a um bom agente e a um ego enorme. Eles têm ataques de estrelismo e, no *set*, se mostram exigentes. Essa é uma maneira perigosa de se mostrar forte, pois ninguém é insubstituível. Hoje você está com tudo, mas amanhã pode não ter mais emprego. Fortes, para mim, são os atores que interpretam com convicção. Esses cometem enganos o tempo todo, mas fazem-no com coragem, enfrentam desafios e aceitam riscos, por mais medo que sintam, sempre prontos a acatar críticas adversas e cientes de que serão golpeados sem dó. Aprendem com o sofrimento e voltam à batalha. Ter coragem para ser vulnerável significa ser autêntico, pois a vida não é outra coisa. Somos todos vulneráveis. Meu pai viveu assim todos os dias de sua vida, quando era criança. Se você insuflar essa verdade num papel dramático, ele ganhará vida. É o que chamo de força. Eis o presente que meu pai me deu. Por causa dele, amo o que faço.

North on South Central Avenue ganhou, em 2004, quatro dos nove prêmios do NAACP Theatre para os quais fora indicado.

Próxima parada: Broadway.

LIÇÃO 3
Amor-próprio

PREFÁCIO DE RAFER JOHNSON

O momento mais emocionante em qualquer competição não é na linha de chegada, nem mesmo no pódio, quando tudo chega ao fim. O melhor momento é justamente no começo da competição, quando você ainda desconhece o resultado final. Seus nervos estão formigando e seus músculos estão preparados, na expectativa da partida. Você se concentra e respira lentamente. Como em um filme, você revê em sua mente todo o esforço que fez para chegar até ali.

Você olha em volta, para os outros competidores, que parecem maiores, mais fortes e mais velozes, e é neste momento que você chega à conclusão de que vencer depende muito mais de seu espírito do que de seu corpo. Você dependerá de seu amor-próprio.

Alguns dos maiores competidores que já vi em campo e no dia-a-dia eram pessoas que tiravam forças de seu amor-próprio para prosseguir quando seus dotes físicos já não eram suficientes. Contavam com essa força invisível. Não precisavam vencer a corrida para se sentirem orgulhosas; já iniciavam a corrida com esse sentimento, que fazia com que se esforçassem ao máximo. E quando as últimas dez jardas pareciam mais longas que as primeiras mil, o amor-próprio era o combustível que as impulsionava.

O amor-próprio não se refere àquilo que você merece ou àquilo que você receberá. O amor-próprio está relacionado com aquilo que você doa.

Quando competia, eu detestava perder, e ainda hoje detesto. Todos nós já nos deparamos com pessoas extremamente talentosas, porém tão orgulhosas que são incapazes de ouvir. Pessoas cujo talento nunca foi colocado à prova, e, portanto, nunca se fortaleceu. Em alguns casos, o talento as abandonou para sempre.

Dentre todas as pessoas que conheci, as que tinham mais motivos para se orgulhar eram aquelas que nunca ostentaram seu orgulho. Iniciaram com orgulho, colocaram-no à prova, utilizaram-se dele e nele investiram, para finalmente abrir mão dele em prol de seu próprio bem-estar e do de outras pessoas. Minha mãe, meus irmãos e irmãs, minha esposa e filhos, amigos que admiro, alguns atletas, por mais diferentes que sejam, todos têm uma característica em comum: um tipo particular de orgulho. São curiosos perante a vida e têm fé em si mesmos — o que os faz questionar e explorar o desconhecido, e estar sempre abertos a ouvir e aprender. A bem da verdade, essas pessoas não competem com você. Sua concentração é tão intensa que mal percebem que você está no páreo. Estão sempre se testando, procurando por qualquer sinal de lapso ou fraqueza interna e usando seu amor-próprio como combustível para que tenham um desempenho cada vez melhor.

Sei que pouquíssimas pessoas tiveram a oportunidade que tive de subir ao pódio nos Jogos Olímpicos para receber uma medalha de ouro, e por isso sou muito agradecido. Contudo, houve outros momentos em minha vida que me foram mais significativos e deram-me lições mais valiosas. O orgulho mais gratificante que já presenciei é aquele que ilumina o rosto das crianças com quem trabalho nos Jogos Olímpicos Especiais. O prazer da competição é tão puro nessas crianças, que o simples fato de participar já as deixa felizes. Seu brio derrota o silêncio com risadas, a tristeza com alegria. Sentem-se vitoriosas, algumas, pela primeira vez na vida. Acredito que essas crianças possuam um valor que o amor-próprio nos oferece como lição: uma nova perspectiva de si mesmas e a sensação que podem ultrapassar qualquer obstáculo que a vida apresente.

Como pai e marido, é essa a lição que gostaria de passar para a minha família. Qualquer que seja a competição em que você se encon-

LIÇÃO 3 – AMOR-PRÓPRIO

tre, qualquer que seja a carreira que escolha, qualquer que seja a barreira entre você e seus sonhos, entre na corrida com orgulho no coração, e o mais importante, corra para ser o melhor que puder.

Rafer Johnson, medalha de ouro nos Jogos Olímpicos, quebrou três vezes o recorde mundial no decatlo. Em 1969, ajudou a fundar a organização *California Special Olympics* para atender e inspirar pessoas com deficiências mentais. Rafer colabora com a organização até hoje.

Trabalhar no primeiro turno na empresa de aviação North American e com jardinagem durante as tardes foram fatores que colaboraram para que Joe Massengale economizasse dinheiro. Ele já havia sido promovido duas vezes na empresa, portanto, gozava de certa estabilidade no emprego e seu futuro prometia ser tranqüilo. Muitos homens teriam se acomodado na estável carreira de mecânico, mas Joe resolveu jogar tudo para o alto e trocar sua profissão por algo com que havia sonhado desde o dia em que se mudou para Los Angeles. Sem a menor experiência na área, um dia chegou a uma estação de rádio e disse que estava pronto para ser apresentador de seu próprio programa.

— Decidi que era isso que queria fazer — diz Joe. — Não dá para passar o resto da vida fazendo aquilo de que não gostamos. Adoro música, daí resolvi ligar para uma estação de rádio minúscula, a KFOX em Long Beach, e dizer: "Meu nome é Joe Massengale. Sou eu quem faz os anúncios na minha igreja e considero-me um bom orador. Quero trabalhar no rádio". É importante frisar que, naquela época, as coisas eram bem mais simples que hoje em dia. Havia DJs amadores e selos independentes pipocando por toda Los Angeles, portanto minha atitude não foi tão maluca como parece.

— O homem que me atendeu na KFOX perguntou: "Que experiência no ramo você tem?". "Nenhuma", respondi. Ele então me perguntou: "Você tem patrocinadores?". "Não, mas posso conseguir". Ele pensou por um instante, e então finalmente me disse: "Vamos fazer o seguinte: tenho um horário livre de 30 minutos aos domingos, das 17h às 17h30. Consiga um patrocinador e eu lhe darei uma chance".

Essa decisão significava um risco mínimo para a estação. A KFOX era conhecida como a rainha do country, e seu público-alvo era a marinha e todos os trabalhadores do porto. Os domingos eram dedicados aos serviços religiosos e públicos até a meia-noite, quando a KFOX saía do ar. Como a estação contava com poucos ouvintes nas tardes de domingo, a oportunidade para deixar um novato praticar um pouco era perfeita.

— Bem, Joe continua, comecei a procurar por patrocinadores. Fui a um revendedor de carros aqui em South Central, conversei com o dono e contei-lhe o que tinha em mente: um programa religioso de músicas sacras. Eu precisava de uns sessenta dólares por semana. Ele me deu cinqüenta, e disse que se houvesse um aumento em suas vendas, ele patrocinaria o programa. Fui para casa naquela tarde e escrevi meu primeiro comercial para o rádio.

A voz de Joe sobe para um tom barítono texano suave:

— *Eric's Motor Sales*, entre as ruas Florence e Figueroa, no coração de Los Angeles. Se estiver procurando por um carro, vá até a *Eric's Motor Sales*, entre as ruas Florence e Figueroa, ou ainda, se preferir, vá até a filial no número 1.945 da South Figueroa, também no centro. Não se esqueça de dizer que Joe Massengale mandou você.

O dono adorou.

— Rapaz, eu nunca esquecerei a primeira vez que ouvi o programador dizer: "Chegou a hora do programa de músicas sacras, com Joe Massengale — e com vocês, Joe!". Eu mal consegui abrir a boca! Se eu estava nervoso? Já falava qualquer bobagem somente para passar o tempo. Quando aquela eterna meia hora passou, respirei aliviado. O engenheiro de som me passou a fita do programa para que eu a escutasse e estudasse. Comprei um daqueles toca-fitas de rolo e ouvi aquele programa terrível umas cem vezes naquela semana. Alguns amigos juntaram-se a mim para a avaliação, mas tudo o que fizeram foi me deixar mais para baixo. O fato é que eu aprendi com meus erros, e minha segunda vez foi muito melhor do que a primeira. Depois do programa, o radialista me disse: "Rapaz, o que houve com você esta semana? Você vai longe!".

*

Por volta de 1956, Joe já havia adquirido bastante experiência para enfrentar um público maior em uma estação de Pasadena chamada KALI. Ali o programa era composto de 100% de música pop, e Joe, transpondo barreiras, era um dos raros DJs na cidade a mesclar a música de artistas brancos e negros. Meu gosto era simplesmente musical, não racial, e meu pai pensava como eu, sempre cantando canções românticas e o *gospel*, desde que fossem canções bonitas, acrescenta.

Joe saía de casa às 7 da manhã. — Pegava minha velha *pickup* e ia trabalhar em alguns jardins em Pasadena. Antes das 13h30, horário em que o programa começava, eu guardava todo o meu material, passava em um posto de gasolina para me lavar, e depois entrava sorrateiramente no estúdio, sem que ninguém notasse que eu estava usando meu macacão de trabalho. Joe relembra o fato dando boas gargalhadas.

— Tocava alguns discos, e depois fazia alguns comerciais. Nunca fui muito bom leitor, mas ninguém me vencia na oratória. A minha desenvoltura com as palavras nasceu quando comecei a cuidar de jardins. Descobri que, quando falamos bem, as pessoas se sentem à vontade. Sempre gostei de conversar, uma característica natural minha. Feito isso, corria de volta para a estação para o programa das 18h.

Joe aponta para um terreno baldio ao lado de uma loja de bebidas.

— Bem ali, no número 4.367, existia um estúdio onde eu passei muito tempo da minha vida. Eu tinha um estilo maneiro no rádio, que mais parecia uma conversa tranqüila. Alguns colegas exageravam nas piadas, e outros apelavam para o estilo orador *gospel*, gritando em um tom de pregação. Outros poucos ainda falavam mais bobagens. Nunca copiei ninguém. Nunca tentei criar um programa para negros ou brancos. Apenas apresentava à minha maneira.

LIÇÃO 3 – AMOR-PRÓPRIO

— Pessoas famosas apareciam no estúdio: Pat Boone, Carol Jarvis, The Platters, entre outros. Entravam, faziam-me perguntas, escutávamos alguns discos e conversávamos. Eu tinha trinta anos naquela época, e me sentia como se tivesse esta cidade na palma da minha mão. Tudo corria bem, até que as coisas quase saíram do controle em uma cidade pequena fora de Dallas.

— Quando meu pai era jovem, perambulava entre Dallas e Carthage. Você sabe como as coisas funcionavam naquela época. Um trem de carga passava, você pegava uma carona, e ao chegar ao destino, saltava quando o trem desacelerava. Meu pai estava em um desses trens um dia e caiu no sono em um dos vagões de carga. Trocaram os vagões em uma cidadezinha perto de Dallas, e ali meu pai ficou. O detalhe é que ele se encontrava em um dos lugares mais racistas que você pode imaginar. Um lugar onde nenhum negro gostaria de estar no começo do século XX. Existia uma placa — sim, uma placa — que mostrava um negro carregando uma trouxa de roupas nas costas e o sol se pondo. A placa dizia: "Crioulo, ao cair da noite, caia fora desta cidade". Meu pai pensou consigo mesmo: "Meu Deus, tenho de cair fora daqui o mais rápido possível". Alguns meninos brancos brincavam perto dos vagões de carga. Crianças entre doze e catorze anos. Um deles viu meu pai e gritou: "Tem um crioulo naquele vagão!". Papai saiu correndo pela linha do trem, e os meninos o perseguiram. Conseguiu fugir de dois deles, mas um terceiro garoto o atingiu com um pedaço de ferro na costas. Meu pai caiu, levantou-se ferido e continuou a correr. Suas costas nunca mais se recuperaram depois daquele dia. Nem sei como ele chegou vivo em casa.

*

Em 1964, Joe conheceu Zola Taylor nas pistas de corrida. A atração foi mútua e imediata. A pequena vocalista dos Platters tinha então seus vinte e poucos anos e já era um sucesso mundial.

— Zola era pequenina. Eles a chamavam de *Lil' Bit* (do inglês, pouquinho). Com os cabelos vermelhos, era dona de um sorriso lindo e uma voz maravilhosa. Saímos naquela noite e nos divertimos muito.

Estava caidinho por ela e ela por mim. Comecei a vê-la todos os dias e achava que nos casaríamos. No entanto, sua banda passava por dificuldades, com quatro dos integrantes presos em Cincinnati, e Zola estava vivendo muito intensamente também. Ela e Frankie Lymon deram a volta ao mundo juntos quando o The Platters e os The Teenagers estavam no topo das paradas. Logo os jornais noticiaram que eles estariam tendo um caso. *Why do fools fall in love*, era cantada por Frankie Lymon. Uma voz maravilhosa, mas quando o vi cantar essa canção, ele estava em um estado tão deplorável que não conseguia ficar em pé. Usuário de heroína durante anos, Frankie jogou seu talento pela janela e morreu tragicamente. Os Platters acabaram substituindo Zola também. Viajou o mundo todo com eles, ganhou milhões, e acabou perdendo tudo.

— Isso nos ensina um pouco sobre o orgulho. Não é preciso ver muitas pessoas talentosas perderem tudo e desapontarem a família para aprender a lição. Essas pessoas só ouvem aquilo que querem ouvir, tornam-se extremamente orgulhosas, e a história se repete. Talento não é difícil de ser encontrado, especialmente aqui em Los Angeles. Mas a disciplina que faz com que esse talento dure, que faz com que você foque a atenção em objetivos maiores e não perca a cabeça é rara e faz a diferença. Esse tipo de disciplina mantém o orgulho no devido lugar. O talento abre portas, mas é a disciplina que o mantém.

Joe ri e continua:

— Uma de minhas clientes de jardinagem recomendou-me a um amigo e disse o seguinte sobre mim: "Joe Massengale acredita que é o melhor no ramo, e você terá que ouvi-lo gabar-se sobre seu talento por pelo menos uns quinze minutos. Mas acredite em mim. Ele é o melhor homem para o serviço e tudo o que diz é capaz de sustentar".

— Na verdade, meu trabalho não é melhor do que o de outras pessoas. Não sou o único em Los Angeles a trabalhar com jardinagem. No entanto, procuro mostrar às pessoas o quanto acredito em mim e o quanto elas podem acreditar também. Foi exatamente dessa forma que fui atrás do meu sonho no rádio. Procurava emprego e patrocinadores e praticava sempre para me tornar cada vez melhor. Em vez de simplesmente acreditar que era bom, eu lutava para chegar lá. Quando digo a meus clientes que sou o melhor, assim como quando eu dizia às pessoas do rádio que eu poderia ser um apresentador, eu não estou me gabando; estou na verdade fazendo uma promessa a eles e a mim mesmo. Posso mostrar-lhes as diferenças técnicas se assim desejarem — alguns profissionais deixam tudo muito pesado, podam demais e deixam as árvores assimétricas. Eu tenho intimidade com as árvores, e, portanto, consigo fazer com que fiquem bonitas. Também sei o que fazer em um estúdio e sei como divertir os ouvintes. Você valoriza seu lar e seu tempo e, assim sendo, quer ouvir o que há de melhor. Conquisto meu orgulho respeitando o seu.

— Caráter é o que você é. Reputação é aquilo que as pessoas acham que você é. Você deve construir ambos da melhor maneira possível. Caráter sem reputação significa que você perdeu para uma pessoa que sabe jogar melhor do que você; reputação sem caráter significa que você não tem disciplina para manter suas promessas e, conseqüentemente, seus clientes não serão seus por muito tempo. Tento manter os dois equilibrados em meu trabalho. Los Angeles é um lugar onde você consegue uma boa reputação facilmente. Basta você colocar um anúncio em um jornal ou em um outdoor que as pessoas passam a acreditar em você. Mas você conseguirá manter a promessa? Seu trabalho será tão bom na segunda vez?

— Para cada serviço que consigo, preciso certificar-me de que estou fazendo um trabalho limpo e decente. Se eu piso em uma pequena flor em um jardim, não importa o quão pequena e insignificante ela seja, bato à porta do cliente e conto a ele. Tenho alguns funcionários que me dizem: "Essa flor não vale nada. Eles nem notarão". Para tal afirmação, respondo sempre: "Essa flor deve significar algo porque alguém a colocou ali. Ela não apareceu simplesmente. Portanto, não me compete dizer se vale algo ou não. Ela tem valor para quem a plantou".

— É claro que fico feliz quando recebo pelo meu trabalho, mas essa satisfação é igual em proporção quando um cliente me diz que sua casa ficou exatamente do jeito que desejava. Orgulham-se dela, e parte de meu trabalho é sempre ter esse fato em mente. Muitas pessoas no ramo definem o orgulho da seguinte forma: "Sei o que estou fazendo, portanto, não me diga como fazê-lo". Não é isso que chamo de orgulho. Nunca vão chamar tal profissional de volta para um novo trabalho com esse tipo de atitude. Afinal, o que há para se sentir orgulho com esse pensamento?

— A coisa mais fácil que se tem a fazer quando se está montando um negócio é dizer sempre a verdade e sustentá-la. Não consigo entender como muitas pessoas ainda não enxergam isso. Por que desperdiçar seu tempo substituindo clientes quando podem manter os que já tem, fazendo um bom trabalho e ganhando sua confiança, de tal maneira que eles sempre o chamarão de volta quando precisarem? Ensinava isso a meus filhos todas as vezes que saíamos para um novo trabalho. Não importa em que área atue, sempre exceda a expectativa do cliente, fazendo com que ele se sinta não apenas feliz, mas sim maravilhado.

— Quer saber a maneira mais simples de impressionar alguém? Não economize, quando o assunto é agradar ao cliente. Numa época em que as pessoas buscam apenas fazer o suficiente, faça a coisa certa e sobressaia-se. Você acha que fazendo um trabalho porco o cliente vai chamá-lo de volta? Uma vez, em um trabalho, um dos funcionários de minha equipe quebrou uma janela com uma escada. Ele queria deixar para lá, mas então eu disse: "Nada disso. A culpa foi sua e você quer cair fora? Estamos recebendo pelo trabalho, rapaz! Vamos pagar pela janela ou consertá-la, como o cliente preferir. O que não dá é você ignorar um erro seu. O cliente entenderá que foi um acidente, e nos chamará de volta para um novo serviço se ganharmos a sua confiança. A má fama se espalha, e essa má fama pode nascer em um momento infeliz de uma decisão que você tome em um arroubo de orgulho. Meu orgulho está em fazer a coisa certa, seja no rádio ou em um jardim. Não me orgulho por aquilo que ganho, mas sim por aquilo que faço".

LIÇÃO 3 – AMOR-PRÓPRIO

— Acho que poderia ter ido muito mais longe no ramo da música, mas tinha esse meu outro negócio e meus filhos para cuidar. Desanimei quando vi que a música era um negócio extenuante, que consumia todos ao seu redor. Pessoas que deveriam ter parado de trabalhar e não paravam; gravadoras e rádios que só pensavam em dinheiro. Eu me sentia esgotado e notava que a música ia tomando outros rumos. Por volta de 1965, os Beatles e outras bandas inglesas entraram em cena, coincidindo com o nascimento do *country rock*. São Francisco estava ganhando notabilidade, as pequenas estações de rádio foram sendo compradas e as pequenas gravadoras começaram a desaparecer. O R&B não sobreviveu por muito tempo. Tornou-se quase impossível vender um disco ou crescer nos negócios por aqui — você tinha de fazer sucesso em uma outra cidade para depois tentar Los Angeles. As minhas obrigações com minha família e meu outro negócio continuavam a existir.

— Eu tinha ido até onde eu pensei que chegaria. As grandes estações de rádio já não tinham lugar para mim. Talvez se eu tivesse lido mais, teria tido uma chance de crescer no ramo. De qualquer maneira, não me arrependo de ter parado. Los Angeles era a cidade dos sonhos naquela época, e tudo era possível. Mas sair de cena não foi tão complicado. Eu tinha ainda outros planos que desejava colocar em prática.

O orgulho em nossa família era um comprometimento, e não algo a ser negligenciado. Todos esperavam um certo padrão de você, já que representava a família como um todo, a sua raça, a sua cidade, a sua escola, e não somente você como indivíduo. Meu orgulho nasceu da tentativa de corresponder a essas expectativas. Eu nunca poderia decepcioná-los.

CONSEGUIR PEGAR Larry Massengale, o terceiro filho de Joe, em algum momento de folga é uma raridade. Hoje o encontramos na sua versão "relax": trabalhando em seu rancho em Chatsworth, ao norte de San Fernando Valley. Larry e sua esposa vivem em um grande chalé branco, juntamente com dois cavalos, uma lhama, dois cachorros e uma família de pavões.

Dentre os filhos de Joe, Larry é o mais reservado e o mais parecido com ele — cabeça-dura, bem-humorado, religioso e independente. Há trinta anos ele dirige o próprio negócio, o *Complete Auto Detailing* (uma empresa de lavagem de carros em domicílio), com clientes por toda a cidade de Los Angeles.

Com quase cinqüenta anos, Larry reflete.

— Alguns de meus clientes estão comigo há vinte e cinco anos. Já não são mais clientes. Já fazem parte da minha família e eu da deles. Conheço seus filhos, e conversamos como amigos. Ontem mesmo chorei com um deles. Estávamos entregues a algumas lembranças quando lágrimas brotaram em nossos olhos. Quando comecei a trabalhar para essa família, eu não passava de um garoto com alguns dólares no bolso. Acreditaram em mim, e eu correspondi às expectativas. Minha relação com os clientes extrapola o mundo dos negócios.

— Os clientes de meu pai tinham o mesmo tipo de relação com ele. Tudo isso não acontece por acaso. Existiam dúzias de negócios como o dele em Los Angeles, e existem centenas como o meu. A diferença? Encontre um tipo de negócio, qualquer que seja, em que cumprem o que prometem, e você ficará com eles para sempre. "Manter a palavra é a chave para manter os clientes", meu pai me dizia desde cedo.

LIÇÃO 3 – AMOR-PRÓPRIO

— Vou contar para você de onde vem toda essa lealdade. Quando trabalhávamos juntos nos jardins, meu pai sempre me dizia que a parte mais importante do trabalho era a limpeza final. Qualquer pessoa consegue podar árvores, mas quando terminávamos o serviço, o local ficava impecável. Às vezes eu levava horas na limpeza, mas, ao final, não ficava uma folha ou um galho sequer ao redor, com todas as plantas inclusive regadas. As pessoas sentem-se orgulhosas de seus lares, e ser a razão desse orgulho me deixava orgulhoso. O conceito é simples — faça com que seu cliente tenha o melhor serviço que você possa oferecer, e mantenha esse padrão de atendimento sempre que ele voltar a procurá-lo. Meus clientes sempre me dizem: "Larry, chega! Está ótimo!". Prefiro ser chato a ouvir de um deles que meu serviço está incompleto ou malfeito.

Cuidar de seus cavalos ajuda Larry a queimar a energia acumulada. Ele lhes dá água, alimenta-os e escova-os em suas baias antes de soltá-los no pasto.

— Meus irmãos confirmarão. De todos nós, eu sou o que mais puxei ao pai. O nosso negócio e a nossa maneira de pensar são muito parecidos. Meu pai é um homem sério, sem tolerância para tolices. Ambos cabeças-dura, costumávamos discutir sobre qualquer coisa — namoradas, carreira, escola. Acho que eu o fazia lembrar dele mesmo na minha idade, e por não aceitar suas próprias falhas e vê-las tão nitidamente em mim, ele sempre pegava no meu pé. Acredito que tudo isso era devido à sua sensibilidade quanto a seus próprios erros e às coisas que nunca conseguiu ter. Ao perceber meus erros e notar que eu poderia seguir o seu exemplo, percorrendo um mesmo caminho que ele já havia percorrido, ele se assustava.

— No fundo ele sabia, desde quando era criança no Texas, que um erro, por mais inocente que seja, pode ser fatal. Ele já viu pessoas morrerem em conseqüência de seus erros.

— O orgulho em nossa família era um comprometimento. Todos esperavam certo padrão de você, já que representava a família como um todo, a raça, a cidade, a escola, e não somente você como indivíduo.

Meus professores, meus irmãos, meu pai, todos esperavam muito de mim. Meu orgulho nasceu da tentativa de corresponder às suas expectativas. Nunca poderia decepcioná-los. Uma atitude humilde, e é justamente sobre esse tipo de orgulho a que me refiro. Falo sobre o equilíbrio entre o orgulho e a humildade — dois lados de uma mesma idéia. Você ouvirá isso de todos nós.

Larry começou no ramo de jardinagem com seu pai aos seis anos de idade.

— Trabalhava aos sábados e domingos durante todos os verões, até mesmo em noites chuvosas. Se estivesse resfriado, mas minhas pernas se movessem, lá estava eu. Observava papai e perguntava tudo a respeito do trabalho. Mais tarde, quando também me tornei pai, aprendi que a jardinagem era uma escola, e essa foi a maneira que ele arranjou para nos ensinar sobre a vida. Ele me ensinava e eu aprendia, sem a real noção do valor de suas lições.

— Papai não admitia passar vergonha em seu trabalho. Tudo tinha de estar na mais perfeita ordem: o uniforme, o caminhão, todo o material. Você tinha de prestar atenção nos mínimos detalhes e cumprir suas funções à risca. Ele dizia: "A propriedade é deles, mas o trabalho é meu". Isso era reflexo de seu orgulho, do tipo correto de orgulho, demonstrado da melhor maneira possível. Essa foi a maior lição que me foi passada: existem diferentes tipos de orgulho e diferentes maneiras de senti-lo.

As recordações fazem Larry rir.

— Os acidentes eram freqüentes. Éramos meninos e vivíamos nos batendo. Contudo, não escondíamos nada. A pior coisa que poderia acontecer era saber que papai chegaria em casa em duas horas e iria se deparar com uma cena desagradável. Felizmente, morávamos ao lado de um médico, e mais de uma vez ele cuidou de nós antes que papai chegasse em casa. Quando isso ocorria, os feridos ficavam escondidos até papai tomar um banho. Até que vinha a pergunta que nos matava: "Onde estão Randy e Michael?". Randy aparecia enfaixado e vinha a fatídica pergunta: "Que diabos aconteceu por aqui?". Sempre nos acobertávamos, mas nunca escondíamos nada de papai. Éramos cinco crianças negras sendo criadas por um pai sozinho na década de 60, por isso estávamos mais vulneráveis às críticas e pressões locais. Conhecemos pessoas como nós que não sobreviveram porque em algum momento confiaram demais em sua segurança e invulnerabilidade. Aliás, esse é o outro aspecto do orgulho, não é? Confiar demais. Não havia bagunça com meu pai em casa. Bastava você fazer algo de errado e lá vinha a bronca: "Larry! Eu já não falei...?!".

— Nada passava despercebido por papai. Quando eu fazia algo de errado e saíamos juntos para trabalhar, eu passava o dia inteiro rezando para que ele não descobrisse. Trabalhávamos por horas sem que ele dissesse uma palavra, até que chegava o momento em que eu me sentia mais relaxado e pensava que havia me safado. Bem, ao fim da jornada de trabalho, sentava-me ao seu lado no caminhão, e ele, com um charuto na boca e o braço do lado de fora da janela, perguntava-me com um ar bem tranqüilo: "Então, Larry. Conte-me o que houve". Eu sabia que estava ferrado", Larry diz gargalhando.

*

A história sobre o negócio de Larry é muito semelhante à de seu pai na jardinagem.

— Um amigo meu da faculdade entrou no ramo e me convidou para que abríssemos nosso negócio. Ele tirava setecentos dólares por semana e, naquela época, em 1977, isso era um bom dinheiro. Durante os dois primeiros anos, quase morremos de fome. Às vezes tínhamos apenas cinco dólares para dividir entre nós dois, três dos quais eram destinados à gasolina. Íamos então a uma lanchonete e pedíamos uma cerveja cada um e a promoção do dia, o que significava comer um monte de asas de frango fritas.

— Levou mais ou menos uns cinco ou seis anos para que o negócio começasse a dar certo. Anos magros esses seis primeiros, mas você faz sua escolha quando proclama a independência. Formei-me na faculdade e passei algum tempo no mundo corporativo. Fui o primeiro negro a ocupar o cargo de planejador de produção em uma grande fábrica de cosméticos em Los Angeles, e o único negro em um cargo de gerência. Após seis meses nessa ocupação, eu estava me dando muito bem. Foi então quando comecei a observar meu supervisor, um homem que trabalhava na empresa há anos. Voltava do almoço meio embriagado, e notei que estava indo pelo mesmo caminho. Bebia durante o almoço para ter forças para agüentar o período da tarde. Um dia a ficha caiu e perguntei-me: "O que é que estou fazendo? Se continuar assim, vou me tornar mais um trabalhador de meia-idade que bebe durante o almoço". Pedi as contas na hora. Levei anos para ter o rendimento que teria facilmente naquela empresa, caso tivesse ficado. Mas o preço era muito alto.

— Para você entender o espírito empreendedor de nossa família, seria necessário ter nascido nela. Trabalhar durante período integral em uma empresa para uma outra pessoa era uma condição temporária para todos nós. Se você gosta desse tipo de segurança, ótimo para você. Entretanto, esse porto seguro tem seu preço, que pode ser bem alto. Em contrapartida, você pode seguir seu coração e fazer o que realmente gosta, assim como meu pai, que usava seu caráter, orgulho e integridade como rede de segurança. Ele nos mostrou através de seu exemplo como fazê-lo. Ele nos ensinou como ser senhores de nosso próprio destino e como termos o completo domínio sobre nós mesmos. É claro que houve percalços ao longo de nossa jornada, mas é isso que constrói e fortalece o caráter. Como em um móvel antigo, são os pequenos arranhões que lhe dão personalidade.

— Nunca esquecerei um trabalho que fizemos. Estávamos apenas meu pai e eu no deserto, em algum ponto a leste da cidade. Eu me encontrava no topo de uma árvore e ele lá embaixo, segurando um podador. Devido ao calor de mais de 40°C, eu me movia como uma lesma. Silenciosamente, meu pai moveu-se em volta da árvore e gritou: "Larry, não adianta enrolar porque ninguém virá ajudá-lo. Portanto, apresse-se e mãos à obra". Fiquei furioso, mas pensei com meus botões: "Ele tem razão. Quanto mais rápido eu terminar isso aqui, mais rápido desço desta árvore e vou para casa". Trabalhei como um leão até terminarmos.

LIÇÃO 3 – AMOR-PRÓPRIO

— É assim que faço hoje em dia. Amanhã, domingo, eu e meus funcionários trabalharemos do nascer ao pôr-do-sol. E assim as coisas funcionam todos os dias, todas as semanas. Não saberia fazer diferente.

— Meu pai era o mestre da disciplina. Às vezes perdia o controle, como todo mundo, mas na maioria das vezes, ele sabia manter o equilíbrio. Agi da mesma maneira com meu filho, mas ele odiava. Simplesmente odiava. Quando estava no segundo grau na escola aqui em Los Angeles, ele era bem bonito e popular, a estrela do time de futebol. Com o mundo em suas mãos, decidiu que iria se rebelar em seu último ano escolar. Desaparecia nos finais de semana e somente reaparecia no domingo à noite. Fez isso durante uns dois meses, até que enchi o saco e o chamei um dia, bem diante de seus amigos, e disse: "Chega!". Eu estava disposto a mandá-lo para a casa de meu irmão Patrick em Denver. Marques não acreditava que eu faria tal coisa, mas, no domingo, já estava com a passagem comprada. Todos ficaram furiosos comigo, minha esposa, minha filha, os amigos de Marques, a escola inteira, na verdade, já que eu estava tirando deles a estrela do time.

Eu sabia o que estava fazendo. Sabia que, se eu permitisse que seu orgulho desenfreado passasse despercebido, o resultado seria péssimo para ele. Ninguém mais o confrontaria. Tinha certeza que Patrick, sendo fruto da mesma criação que tive, faria a coisa certa, mostrando a Marques coisas que ele precisava saber. Coloquei-o em um avião naquela tarde. Minha esposa mal dirigia a palavra a mim. "Como pode fazer isso com meu filho?". Bem, Marques ficou com o tio por um ano, e quando voltou as coisas estavam melhores. Veja você como somos unidos hoje em dia. Um dia conversamos a respeito e Marques me disse: "Você estava certo. Eu estava indo pelo caminho errado." Tenho certeza de que meu pai teria feito o mesmo.

— O orgulho pode cegá-lo e fazer com que você se coloque acima de tudo e de todos. Você se convence que não comete erros. Você pensa que coisas ruins só acontecem com os outros. Orgulho desenfreado, sem integridade, é um jogo muito perigoso, pois é justamente a integridade de caráter que fará com que você sobreviva nos momentos em que o orgulho falhar. Orgulho sem essa integridade é algo a se temer. Muito disso tudo está relacionado à fé, mas não a uma fé passiva. Fé significa confiar em Deus e colocar as mãos na massa, e não se sentar de braços cruzados na esperança de que as coisas irão se resolver por si só.

*

Ainda está escuro e a Lua ainda está no céu quando Larry prepara sua *van* para mais um dia de trabalho. O porta-malas está lotado com baldes, mangueiras, produtos de limpeza, um aspirador de pó, fios de extensão e panos. Sua roupa de trabalho é um moletom surrado e um boné de baseball.

A primeira parada de Larry foi em uma mansão em Beverly Hills. Chegou antes das sete da manhã na casa de um casal de quem gosta muito e que visita toda semana. Eles o cumprimentaram calorosamente e o convidaram para um café. Deram-lhe então a chave de seus carros, uma Mercedes preta e um BMW branco. Quando o sol apareceu, Larry já estava trabalhando.

— Eu adoro trabalhar sozinho. Na maioria das vezes eu estou com a equipe, podemos conversar e tudo. Mas em silêncio eu consigo pensar, e entro em outra dimensão. Sempre me lembro de meu pai, com o podador na mão, concentrado em seu serviço. Você podia conversar com ele à vontade que ele nem respondia. Estava em um outro mundo, focando toda a sua atenção naquilo que fazia.

— Não sei se essa versão do orgulho é algo que se consegue aprender com as experiências de vida, ou se é algo que você traz de casa. Gostaria de acreditar que esse tipo de orgulho pode ser adquirido em uma sala de aula, mas é preciso muito mais do que retórica para fazer com que as pessoas façam a coisa certa. As escolas tentam passar essa noção nos cursos de administração, e as empresas em seus treinamentos corporativos. Entretanto, a pessoa deve estar predisposta a ouvir, a aprender. Se você não estiver aberto ao aprendizado, não sei se haverá a absorção do conhecimento.

LIÇÃO 3 – AMOR-PRÓPRIO

— Muitas pessoas saem de um trabalho como este que estou fazendo agora sem nunca olhar para trás. Ficam frustradas com as horas gastas e os padrões seguidos na tentativa de manter os clientes. Eu nunca pensei assim. O orgulho que sinto por meu trabalho faz parte de quem eu sou, da bagagem que trago comigo desde cedo. Não aceito menos que isso.

— Você sabe como é no começo, Larry diz torcendo o pano com que está lavando o carro. Aceitava qualquer cliente que me solicitava. Hoje em dia posso me dar ao luxo de escolher, sem nem mesmo fazer propaganda. Minha propaganda é o boca-a-boca. Se alguém consegue meu telefone através do número escrito em minha *van*, tenho o cuidado de verificar quem é a pessoa que está ligando. Se for uma pessoa com quem não me identifique, provavelmente não retorno a ligação. Quero que meu trabalho seja gratificante, e quero dar o meu melhor para as pessoas que estiverem dispostas a dar o seu melhor. O volume de clientes hoje em dia não é a minha meta.

— Costumo conversar com outros profissionais que trabalham no ramo. Eles ficam abismados com o preço que cobro pelo serviço, pois muitos cobram duas ou três vezes mais do que eu. O único problema é que a rotatividade para eles é grande, já que ninguém gosta de se sentir passado para trás. Superfature um serviço apenas uma vez para você nunca mais ver aquele cliente na sua frente, e a empresa perde tempo e dinheiro tentando conseguir mais clientes. Cobro um preço razoável e, assim sendo, vejo meus clientes três ou quatro vezes por mês. Mantendo a clientela, também consigo manter minhas despesas gerais ao mínimo, trabalho para quem eu gosto e isso faz do trabalho uma diversão.

Após terminar o serviço nos dois carros, antes das dez, Larry já está enrolando a mangueira e guardando todo o material para então ir ao próximo cliente.

— Existe algo que resume todos os ensinamentos que meu pai me passou. Você não deve falar sobre orgulho, e sim vivê-lo. Se você acha que o sucesso acontece por acaso, que pode ser passado por osmose ou herdado, você não está sendo um legítimo orgulhoso. A vida é sinônimo de trabalho, e é justamente o fato de sermos tão bons nisso que nos torna orgulhosos. Meu pai podava árvores. Eu lavo carros. Somos dois homens que se atreveram a apostar em si mesmos em nome de nossa carreira. Ganhamos a aposta.

LIÇÃO 4
Determinação

PREFÁCIO DE KENT DESORMEAUX

Toda a linhagem da raça de cavalos Thoroughbred, puro-sangue inglês (PSI), se resume a apenas três espécies atualmente. Milhões de dólares são gastos na tentativa de aperfeiçoar a arte e a ciência de reproduzir esse animal perfeito a partir da seleção genética — um cavalo capaz de furar o vento, como dizem.

A ironia é que, se a empreitada for bem-sucedida, o esporte acaba. Se a qualidade de um cavalo estivesse apenas em seus genes, não haveria razão de existirem corridas de cavalo. Criaríamos em laboratório cavalos fortes e velozes, e seria possível escolher o vencedor a partir de sua linhagem. A verdadeira beleza desses animais reside no fato de que eles podem enganar você. Cavalos de corrida têm personalidade como os seres humanos. Com uma variação de humor peculiar, são inteligentes, competitivos e imprevisíveis. Por mais que a genética influa favoravelmente, é impossível prever que cavalo não entregará os pontos em uma corrida.

Alguns cavalos criados para a vitória falharam porque não tinham a personalidade de um vencedor. Em contrapartida, alguns dos cavalos mais respeitados no mundo das corridas são cavalos que, à primeira vista, não teriam forças sequer para chegar à reta final. Seabiscuit, Seattle Slew, Smarty Jones não eram cavalos que impressionavam. Todos, no entanto, eram persistentes e tenazes, e isso fez deles vencedores. O que quer que estivesse faltando em sua composição física foi compensado pela vontade de vencer.

As pessoas que adoram as corridas chamam a isso de coração, algo que não pode ser encontrado em nenhuma cadeia de DNA. Quando um cavalo de um milhão de dólares corre ao lado de um azarão com coração, eu sei em que cavalo apostar.

Sinto-me honrado pelo sucesso que tenho tido nas corridas. Assim como em alguns cavalos em que monto, o sucesso não está em meus genes. Treinadores e proprietários, como Joe Massengale, que confiaram em mim, serviram-me de inspiração; amigos e colegas de profissão deram-me ajuda e apoio; minha mãe, Brenda, ensinou-me valores morais; meu pai, Harris, transmitiu-me o senso de responsabilidade; meu irmão, Keith, ajudou-me a desenvolver minhas habilidades competitivas. Mas, acima de tudo, minha esposa Sonia e meus filhos Joshua e Jacob me dão os melhores motivos de todos para sempre montar em uma sela e deixá-los orgulhosos. Por eles, mergulho fundo em mim mesmo para encontrar a força que me impulsiona.

Posso não ganhar a próxima corrida de que vou participar. Mas isso não vai fazer com que eu desista. Vencer é maravilhoso, mas não é o mais importante. Continuar é o que realmente importa. As pessoas que amo me dão o coração, e é por isso que faço questão de dar-lhes o que há de melhor em mim. A persistência é a lição que quero passar para meus filhos. Quero que vejam a vida como uma longa corrida, e que a verdadeira vitória está em olhar para trás, na linha de chegada, e ter a consciência tranqüila por nunca ter desistido.

O mais jovem jóquei da história a ganhar mil corridas, Kent Desormeaux venceu duas vezes a Copa de Criadores, foi duas vezes o primeiro lugar no Derby de Kentucky, em 1998 e em 2000, e o campeão no *Preakness* em 1998. Foi indicado em 2004 para ocupar um lugar no *National Museum of Racing* e no *Hall da Fama*.

— Quando me juntei aos meus irmãos no ramo da jardinagem em 1947, Joe explica, íamos para o norte, até São Francisco, e para o sul, até a fronteira com o México para conseguir trabalho. Quando as coisas não iam muito bem em Los Angeles, não dava para pensar muito. Era pegar o caminhão e partir. Ainda me sinto como se conhecesse cada árvore da Califórnia. Quando saíamos de Los Angeles, não tínhamos certeza se encontraríamos serviço pelo caminho, mas alguma coisa tinha que ser feita. Não dá para esperar o trabalho vir até você: você é que tem de ir até ele.

— Não sabíamos nada a respeito das páginas amarelas ou de como colocar um anúncio, então o que fazíamos era bater de porta em porta, rua após rua. Não tínhamos nem a licença necessária para o trabalho. Colocávamos nossa escada no caminhão e partíamos no sentido oeste de Los Angeles, rumo a Ventura, e lá ganhávamos o suficiente para passarmos a noite e no dia seguinte rumarmos para Santa Maria e Monterey, onde procuraríamos mais trabalho. Ficávamos em um quarto de hotel, quando havia um, na incerteza se voltaríamos para casa no dia seguinte. Às vezes seguíamos viagem, já que em algumas daquelas cidades faturávamos o suficiente para isso. Alguns trabalhos por dia eram suficientes para levar-nos até São Francisco e cidades adjacentes como San Jose, Salinas e Santa Cruz. Às vezes ficávamos fora por duas semanas procurando serviço.

— Eu era o "cabeça" da turma, não como líder, mas como aquele que sempre subia ao ponto mais alto possível de uma árvore. Às vezes chegava a subir em palmeiras de doze metros de altura, em uma escada de madeira, com um serrote na mão e sem cinto de segurança. Bastava um escorregão e tudo estaria acabado.

— Tudo isso soa como uma vida bem dura, e era, na verdade. Não tínhamos muita escolha, e a dureza faz parte da vida, qualquer que seja a opção. Se você não correr atrás, o bicho pega.

Joe conta essa história em um dia cinzento, a caminho das corridas em Hollywood Park. Ele parece estar um pouco preocupado ao entrar em sua *pickup*, e nem percebe uma garrafa de refrigerante quebrada no meio da rua. Um cavalo chamado Holy Bully correrá 1.400 m no segundo páreo de hoje. Sem grandes chances de vencer, será montado por um jóquei sem muita prática, que competirá com cinco jóqueis mais experientes do que ele, incluindo o vencedor do Derby de Kentucky de 1989, Patrick Valenzuela. Holy Bully ficou em quarto lugar na última corrida de 1.400 m em Del Mar. Começou bem, mas fraquejou no final. O programa diz que o cavalo não teve nenhuma vitória em sete largadas. Se as previsões estiverem corretas, Holy Bully ficará em último lugar.

Joe não apostou nada nessa corrida. Ele é o dono de Holy Bully.

*

A identificação de proprietário de cavalos no pára-brisa do carro garante a Joe um lugar bem próximo à entrada de Hollywood Park. Todos os funcionários do lugar o conhecem, chamam-no pelo primeiro nome e perguntam sobre as chances de seu cavalo hoje.

Em 1947 Joe foi pela primeira vez a uma corrida de cavalos, com seu irmão Bob, um apostador que sempre chegava em casa sem dinheiro.

— Nunca fui muito de apostar — diz Joe. — Apostava um pouquinho de vez em quando, mas eu tinha uma família para sustentar, e o dinheiro que ganhava era muito suado para ser desperdiçado em um lugar como este. Eu sou apenas um fã do esporte e de cavalos. Eu adoro cavalos. Sempre adorei. Os Thoroughbreds são os animais mais inteligentes que eu já vi. Dá pra notar em seus olhos. A sensação de observar a performance deles na curva final de uma corrida, com o público já de pé gritando e torcendo, é indescritível.

Mesmo um lugar relativamente modesto como o Hollywood Park já foi palco de grandes vitórias na história do turfe. O local foi inaugurado em 1938, quando alguns grandes nomes da indústria cinematográfica resolveram criar um *playground*, com jardins impecáveis, fontes e lagos espalhados por todo o lado.

Um bom cavaleiro sabe que é preciso observar antes de investir. Joe Massengale prestou atenção no esporte, nos criadores e seus cavalos em lugares como este por vinte anos antes de investir.

— Costumava freqüentar as rodas dos vencedores em Santa Anita, minha pista de corridas preferida. Imaginem a minha situação: eu, um moleque com alguns dólares no bolso, dirigindo por quase 20 km até Santa Anita para ver as corridas. Eram outros tempos. Tempos das grandes diferenças sociais. Os jóqueis mais pareciam membros de uma dinastia qualquer, e a elite de criadores com seus cavalos vinha de todos os lugares dos Estados Unidos. Tinha gente do Kentucky, Calumet Farms, os Vanderbilts, representantes de grandes haras de famílias abastadas da costa leste.

— Na maioria das vezes eu não apostava. Eu só queria ver os cavalos, os proprietários nos boxes e a roda dos vencedores, todos sempre tão bem vestidos, sempre tão felizes. Parecia que tinham tudo o que sempre sonharam. Eu não tinha muita coisa, mas me perguntava: "Por que não posso fazer parte deste meio?"

— A maioria das pessoas não pensa em comprar um cavalo, que significa um gasto muito grande e um jogo perigoso em vários aspectos. Em todas as corridas existe uma ambulância que acompanha todo o circuito, um indício do quão perigoso o esporte é. Uma pessoa que subestima um jóquei como atleta não conhece o esporte. Esses atletas assumem riscos que uma pessoa normalmente não assumiria. Os donos de cavalos podem perder fortunas em alguns minutos. Uma vez vi um cavalo que seria vendido por trinta milhões de dólares, mas seu dono resolveu inscrevê-lo em mais uma corrida antes da venda. O cavalo pisou em um buraco na pista e quebrou uma das patas. Teve de ser sacrificado ali mesmo. O esporte é perigoso tanto para o jóquei como para o cavalo.

— Bem, lá estava eu, um trabalhador, chefe de família, querendo participar desse mundo. Via tudo aquilo da mesma maneira que via meu negócio, não com olhos de um apostador. Via e assimilava. Ouvia tudo o que as pessoas tinham a me dizer, e fazia várias perguntas. Se achasse que poderia aprender algo limpando a lama de uma baia, lá ia eu. Não tinha a mentalidade de um jogador. Pensava como um proprietário, antes mesmo de possuir um cavalo. Um jogador vai às pistas todos dias, aposta e torce como um louco para ganhar. Esse é o caminho para o fracasso. Um proprietário é paciente. Não investi em cavalos até os cinqüenta anos, quando me senti realmente preparado.

— Para mim, essa foi outra maneira que encontrei para mostrar a todos o que eu era capaz de fazer. Desejava ser respeitado e sabia que conquistaria tal respeito. Além disso, queria meu nome em destaque, pois a infância pobre e sofrida em Marshall sempre vinha à minha mente. A maneira como era tratado, a fome e a miséria, pessoas sempre rindo de mim e de minha família por nossa condição eram fantasmas que me perseguiam. Não tentava me vingar, mas sim provar a todos do que eu era capaz. Temos que ser cuidadosos, pois a raiva pode nos fazer meter os pés pelas mãos. Você aposta alto, exagera e acaba perdendo. Poderia ter feito como muitos, apostando todo o meu dinheiro e perdendo feio, mas preferi seguir um outro caminho, usando minha raiva como incentivo. Se você quer vencer no mundo das corridas, o caminho mais inteligente é prestar atenção, manter a integridade e ter fé.

*

Quando Joe chega a Hollywood Park, o local ainda não está lotado. É reconhecido por alguns amigos e apostadores nas arquibancadas, pelos vendedores de lanche e nos guichês de apostas. Alguns aposta-

LIÇÃO 4 – DETERMINAÇÃO

dores tentam arrancar alguma dica de Joe sobre a corrida, como se o dono de um cavalo que não tem a mínima chance de vencer tivesse algum truque secreto.

Apesar de enormes esforços na tentativa de produzir um grande campeão através do cruzamento de garanhões e éguas da mais pura linhagem, já ficou comprovado que alguma coisa intangível no espírito de um cavalo não pode ser detectada em seu DNA. Muitos dos grandes campeões na história das corridas eram considerados um fracasso no papel. O legendário Seabiscuit era muito pequeno, tinha um temperamento difícil e os joelhos extremamente juntos para um cavalo de corrida. Foi comprado por 7,5 mil dólares por um treinador que teve um palpite, e conseguiu dar-lhe o título de Cavalo do Ano, em 1938.

Seattle Dancer foi vendido por 13,1 milhões de dólares em 1985 e rendeu apenas 152 mil dólares, enquanto seu meio-irmão desajeitado foi vendido por apenas 17,5 mil dólares e rendeu 12 milhões em prêmios.

Como são os ricos os "reis" nas corridas de PSIs, podem se dar ao luxo de perder muito dinheiro. São herdeiros, magnatas, atletas, pessoas que Joe costumava olhar de perto quando criança.

É bem provável que Holy Bully seja o único PSI na corrida de hoje pertencente a um trabalhador braçal. Hoje o cavalo trabalha. Amanhã é a vez do dono.

*

Antes da corrida, os cavalos são levados a uma arena fora das pistas para que as pessoas vejam esses animais magníficos e temperamentais de perto.

Um jóquei experiente sabe interpretar o estado de espírito do animal, e já sabe desde o começo como se comportará durante a corrida.

— Eu sabia quando um cavalo estava arisco ou preocupado. Dá para notar por sua postura, da mesma forma que você consegue saber o que se passa na mente de uma pessoa pela maneira que ela se comporta. Esses cavalos sabem que estão em uma competição. Se, por exemplo, um cavalo está suando ou muito arisco, ele está nervoso, o que é um mau sinal. Alguns cavalos mantêm-se calmos e mostram-se preparados, e isso nos dá tranqüilidade. Durante o aquecimento, podemos notar muitas coisas, se estão assustados ou se hesitam na hora de entrar no boxe. Os bons não agem assim. Concentram-se na corrida porque querem correr. Nessa corrida, nenhum dos cavalos já foi um vencedor e todos estão à venda.

Holy Bully é um garanhão baio que está sendo montado por um aprendiz de dezesseis anos, Alex Bisono. Alex chega vestindo a camisa azul quadriculada de Joe, com um grande JM vermelho bordado na frente e nas costas. Promete que vai batalhar pelo prêmio de 21 mil dólares.

Joe volta para as arquibancadas, mas antes resolve apostar em seu próprio cavalo, só para dar sorte, uma vez que ninguém, inclusive ele mesmo, acredita que o Holy Bully terá alguma chance de vencer. A corrida de hoje funciona como uma exposição de vendas. Joe espera conseguir vender seu cavalo, sem lucros ou prejuízos.

— A primeira vez que tive a idéia de comprar um cavalo foi em 1978. Os negócios estavam indo bem, e eu tinha algum dinheiro para investir. Um dia recebi uma chamada de emergência para cuidar de uma árvore de uma cliente, uma pessoa que conheço há anos. Uma senhora de uma rica família de criadores de cavalos casada com um treinador. A emergência era cortar o galho de uma árvore que havia caído sobre o telhado da casa. Foi neste dia que disse a ela que gostaria de me tornar proprietário de um cavalo também. Ela então me perguntou: "Por que você não vem ver uns cavalos para comprar comigo?"

— Há muito a aprender. É preciso estudar sobre o cruzamento e o pedigree, aprender a interpretar o animal enquanto ele anda e corre, verificar se ele é saudável. Alguns não possuem a beleza e a elegância de um PSI. Outros não parecem ter a mínima chance de vencer. Porém, se você é observador, conseguirá enxergar além disso tudo. Alguns cavalos correm de uma maneira feia, e saem em último lugar na largada. Mas existe algo neles, uma força interior, que faz com que completem a corrida e vençam. Se fosse só pela genética, seria fácil escolher um cavalo. A verdade é que não é possível prever de fato a reação de um cavalo até que os portões de largada se abram.

LIÇÃO 4 – DETERMINAÇÃO

— A vantagem em possuir poucos cavalos é que minha reputação é a melhor possível, e isso é fundamental. Nenhum dinheiro do mundo vai fazer com que sua confiança seja recuperada se você prejudicar alguém nas pistas. Sujar o nome por aqui significa ser ignorado por todos. Aqui todos se conhecem e as notícias voam. Você descobre da noite para o dia se o jóquei de que vai precisar estará disponível em certa data. Se as pessoas não confiam em você, não conseguirá ninguém para montar para você. Dizem que tenho mais amigos por aqui do que qualquer outra pessoa. Sabem que podem confiar em mim, pois trato todos da mesma maneira que gosto de ser tratado. Além disso, um dono de cavalos negro é facilmente reconhecido.

— Gosto de conquistar o respeito alheio, assim como gosto de manter o bom nome do esporte. O efeito dos boatos pode ser ainda mais devastador: se um jóquei pára subitamente durante uma corrida, sem razão nenhuma aparente, ou se não impulsiona o cavalo, que é o fundamental, são razões que com certeza levam-no aos escritórios da diretoria. Os diretores não querem saber quem você é — se seu jóquei ou seu cavalo fazem algo de errado, você está acabado, é suspensão na certa. Não existe preconceito lá dentro. Seja você negro ou branco, pequeno ou grande proprietário, se fez coisa errada, vai ter de responder por isso, pois o investimento é sempre muito alto. Dá para imaginar um treinador ou um jóquei, com uma reputação a ser preservada, estragando tudo na tentativa de burlar regras e ganhar uma corrida ilicitamente? Uma estupidez em um ramo nada estúpido. Admiro pessoas que passam a vida aqui trabalhando, treinando e aprendendo, com a reputação impecável. Estou feliz por estar deste lado do jogo.

— Um proprietário negro em uma corrida de PSIs é extremamente raro. Algumas pessoas do *showbiz* e atletas, como MC Hammer e Berry Gordon, participaram com relativo sucesso. Mas em todas as escalas, o turfe tem sido o esporte mais segregacionista da história dos Estados Unidos. Quinze dos primeiros 28 jóqueis a vencer na Derby de Kentucky eram negros, começando com Oliver Lewis, em 1875. Isaac Murphy, vencedor de 44% das corridas de que participou, ainda é considerado o melhor jóquei de todos os tempos. Quando Marlon St. Julien inscreveu-se de última hora no Derby de Kentucky de 2000, montando um azarão chamado Curule, foi o primeiro afro-descendente em 79 anos a participar deste evento.

Obviamente, não existe nenhuma política formal quanto à etnia de um jóquei. Para o proprietário, e principalmente para o cavalo, o mais importante é sua habilidade e seu peso. São essas considerações que Joe leva em conta quando busca um jóquei. Contudo, ele e muitos historiadores que pesquisam corridas de cavalo não entendem como a contribuição inicial dos negros ao esporte em seus primórdios não é reconhecida. O escritor Edward Hotaling chama os jóqueis afro-descendentes de "nossos primeiros atletas profissionais". Porém, após um começo promissor, os negros simplesmente desapareceram do esporte após a virada do século, tendo sua licença negada pelo respeitoso Jockey Club até mesmo nos bancos de reserva.

Joe Massengale não pediu autorização a ninguém para se juntar ao esporte e, como em outros assuntos de sua vida pessoal, não deixou que o assunto racial interferisse.

— Comecei o negócio quando o dinheiro abundava, e era isso que contava. Sabia que podia me dar ao luxo de perder um pouco e continuar de pé. Além disso, aos cinqüenta anos, eu já havia aprendido a cometer erros e não me lamentar depois. Conheço algumas pessoas que não se perdoaram durante anos por terem vendido um cavalo que em seguida despontou como uma estrela. Não dá para viver a vida pensando: "e se eu não tivesse feito tal coisa?" Isso é pior do que perder. Perder acontece com qualquer um, mas odiar-se por não ter feito algo não melhora a situação. Fui de mansinho, porém me mantive firme. Tentar dar o passo maior que a perna precipitadamente é um erro. Você larga na frente e mantém a liderança por um tempo, mas se não mantiver a destreza na pista, será ultrapassado pelos outros cavalos.

— Sobre a questão racial, as pessoas têm a sua maneira de pensar e eu a minha. Uma vez fui barrado por um segurança em Del Mar. Esse homem não entendia como um negro em sua *pickup* poderia ser

LIÇÃO 4 – DETERMINAÇÃO

proprietário de cavalos. Ele insistia que eu estava estacionando no lugar errado — dizendo-me coisas desagradáveis que não apreciei nem um pouco, até que perdi a cabeça. Saí do carro e joguei a minha credencial no chão, prometendo que nunca mais voltaria àquele lugar. No entanto, o mundo é um lugar pequeno que está em constante vigilância. As notícias correm se algo de errado acontece. O *The Daily Racing* descrevia o fato como um incidente, e a diretoria chamou-me para que eu desse a minha versão. Disse-lhes o que havia ocorrido e todos compreenderam. Não fui multado, porém os diretores pediram que eu me desculpasse com o segurança. Disse-lhes que em hipótese alguma iria me retratar. O diretor geral me chamou de lado e disse: "Joe, escute-me. Você trabalhou muito duro para chegar aonde chegou. Não deixe seu gênio levar vantagem sobre você. Como você vai permitir que um homem, que não sabe nem a metade do que você sabe, tire você do sério?" Eles não estavam dizendo que o funcionário estava certo, e sim que esperavam de um proprietário uma conduta mais apropriada. Não se deve deixar que as pessoas pisem em você, mas admito que o diretor tinha lá sua razão.

Chega a hora da corrida. Os cavalos são levados à linha de partida e soam as trombetas, enquanto o quadro de apostas se ajusta para registrar as últimas apostas.

*

Até mesmo os fãs não tão fervorosos do turfe conseguem reconhecer alguns dos mais notáveis jóqueis nas fotos de corridas que Joe tem em casa: William Shoemaker, quatro vezes campeão no Derby de Kentucky, três vezes vencedor em Preakness e cinco vezes em Belmont Stakes, montou o primeiro cavalo vencedor de Joe, o Atom Eyes, em Santa Anita em 1981. Chris McCarron montou mais de sete mil vencedores e ganhou mais de 250 mil dólares em prêmios. Foi ele quem levou o Dove in Flight, outro cavalo de Joe, à vitória em Hollywood Park em 1985. Kent Desormeaux venceu com Gourmet Girl em Hollywood Park em 1977.

A maior e mais estimada vitória de Joe foi em Bay Meadows Oak, em 1998. É só mencionar o nome do cavalo que um sorriso brota em seu rosto.

— Gourmet Girl... linda égua, negra, com longas pernas. Lembro-me que da primeira vez que a vi com meu sócio, pensei: "É essa que eu quero". Bay Meadows fica ao norte de San Mateo, na mesma região em que meus irmãos e eu costumávamos trabalhar naquelas longas viagens que fazíamos. Imaginem só como eu me senti, cinqüenta anos após a peregrinação em busca de trabalho na região, ao chegar em Bay Meadows como proprietário de um cavalo para a corrida de minha vida.

— Um lindo lugar, um grande evento. Naquele dia, o tapete vermelho foi colocado para que os proprietários passassem. A maioria dos cavalos era de favoritos do local, e meu cavalo não ganhou muita notoriedade nos jornais. Nonies Dancer era o favorito, assim diziam as manchetes, e os jornalistas acreditavam que Gourmet Girl não tinha chances de vencer.

— Tinha meu irmão Oliver como companhia. Na noite anterior não havia conseguido pregar os olhos no hotel. Passei a noite lendo o *Racing Form*, como se ali fosse encontrar algo que já não soubesse. De repente, tive um pressentimento. Acordei meu irmão e disse-lhe: "Oliver, nós vamos vencer. Vamos vencer de barbada". Esfregando os olhos, ele me perguntou: "Como sabe disso?" Eu sabia. Nunca tinha tido uma intuição tão forte em minha vida. Eu simplesmente sabia.

— Não consegui assistir à corrida. Fiquei no clube, esperando terminar. Nas pistas as pessoas se aproximam e querem conversar. Eu gosto disso, mas desta vez eu queria ficar sozinho. Ao final, não resisti e vi pela televisão. Nunca vou esquecer o que o comentarista disse ao darem a partida: "Gourmet Girl tropeça em suas próprias pernas e cai!" Comecei a rezar. Foi quando Roberto Gonzáles, o jóquei que a montava, fez com que ela se recuperasse e corresse de verdade. Na verdade, ele fez com que ela voasse, e logo alcançasse o segundo lugar, tendo apenas Reign on Rainer à sua frente. Na curva final, Gourmet tomou a dianteira. Cinco, dez corpos de vantagem. Dizem que ela venceu por 12. Eu ainda acho que foram 15. Não se via nenhum outro cavalo quando Gourmet cruzou a linha de chegada, e o favorito ficou em quarto lugar.

— Eu estava com sessenta e oito anos na época. Desci as longas escadarias até a roda dos vencedores e não consegui conter as lágrimas. Eu, que havia sido uma criança podando árvores a dez dólares, estava ali, junto aos vencedores, na maior corrida de minha vida. Tentei dizer aos repórteres o tempo que levei para chegar até ali, mas não sei se entenderam. Cinqüenta anos de espera. Cinqüenta anos. Mas finalmente havia chegado lá.

Os cavalos estão impacientes em seus boxes em Hollywood Park. Ouve-se a campainha, os portões se abrem e lá vão eles. Todos estão agrupados no início, ficando difícil diferenciar um cavalo do outro. No entanto, a camisa azul usada pelo jóquei de Joe já se destaca na multidão. O grupo se dispersa próximo à curva da reta final, e Holy Bully, correndo por fora, está a quatro corpos de desvantagem em relação à primeira posição, Quartez. Holy Bully ganha forças e a distância entre os dois cavalos diminui para três corpos.

Joe se levanta.

Na reta final, os dois dão tudo de si, e Joe grita: "Vamos lá! Vamos lá!" Holy Bully toma a liderança e vence a corrida com cinco corpos de vantagem.

Antes de chegar ao guichê de apostas, Joe recebe apertos de mão e tapinhas nas costas dos apostadores e funcionários. Cada aperto de mão dado tem um outro significado, que Joe conhece, mas não demonstra: se você não apostou em Holy Bully hoje, o proprietário dividirá seus ganhos com você de qualquer maneira.

Após recolher seu prêmio, Joe continua a percorrer todo o recinto, visitando os restaurantes, conversando com as telefonistas, ascensoristas e apostadores. Todos têm participação nos lucros, vinte dólares aqui, cinqüenta acolá. O dinheiro ganho na aposta que Joe fez em seu próprio cavalo se acaba antes mesmo de ele chegar ao estacionamento.

A corrida inesquecível de 1938, da qual War Admiral e Seabiscuit participaram, colocou frente a frente um membro da realeza das pistas e um obstinado azarão, em uma corrida com as mesmas características que a carreira de Joe.

O Admiral era um cavalo imponente, vencedor de vários prêmios naquele ano, filho de Man o' War, um dos maiores garanhões do século. Seabiscuit era pequeno, atarracado, um "estrangeiro" vindo da costa oeste, mais velho que West Admiral, e de linhagem duvidosa. Desnecessário dizer quem era o favorito.

A corrida prendeu a atenção de todos, no país, e ainda permanece como um marco na história do turfe. O grande escritor Grantland Rice descreveu a chegada: "Dizem que o resultado de uma corrida não é determinado pela velocidade. Na verdade, não apenas pela velocidade, mas também pela determinação. Seabiscuit possuía tais qualidades em abundância e War Admiral não foi páreo para suas patas voadoras e seu coração guerreiro. O filho brilhante de Man o' War lutou com todas as armas que tinha, até o ponto em que o azarão, vindo do lado errado da pista, resolveu correr para valer.

Seabiscuit foi o vencedor com três corpos de vantagem.

— Não há no mundo sensação melhor do que esta. Este é realmente o esporte dos reis.

E o maior vencedor do dia em Hollywod Park entra em casa, sai com uma vassoura nas mãos para varrer os cacos da garrafa quebrada no meio da rua.

LIÇÃO 4 – DETERMINAÇÃO

Estou construindo uma empresa das cinzas. É um modo duro de começar. E você poderia dizer que tenho todos os motivos para falhar. Mas pensar em meu pai e no que ele me ensinou me faz levantar às cinco da manhã, ir para a ginástica às seis, e chegar à Spinoza Technology às sete para iniciar um projeto que antes parecia imenso para mim.

NOS ANOS 1990, as ponto.com e o boom da informática testemunharam uma onda de empresas novas e inovadoras, e criaram fortunas instantâneas a partir de produtos e programas inusitados. Os computadores pessoais e a Internet tornaram-se parte do cotidiano quando o mundo passou para a era da comunicação via satélite e fibra óptica.

O auge do boom foi em março de 2000 e, quando a bolha estourou, os prejuízos foram colossais. A NASDAQ, o mercado de ações preferido das empresas de tecnologia como a Spinoza, perdeu 78% do valor. Centenas de empresas como esta desapareceram nos Estados Unidos, levando com elas inúmeros empregos e fortunas.

Randy Massengale, o quarto filho de Joe Massengale, por trinta anos trabalhou como executivo em algumas das mais bem-sucedidas empresas do ramo de tecnologia — Tektronik, Intel, Fluke, Microsoft e InfoSpace. Randy assumiu a Spinoza justamente em 2000. Abrir uma empresa de tecnologia apenas alguns meses depois da catástrofe era estranho. Mas ele não hesitou.

Depois de uma carreira nas maiores empresas da área, Randy poderia facilmente ter feito como a maioria de seus colegas — aposentar-se antes dos cinqüenta anos. Em vez disso, ele levantou as mangas para mostrar que poderia competir e vencer como empresário. A Spinoza está desenvolvendo um software para equipamentos audiovisuais conectados à Internet com tecnologia *wireless*, tanto para o uso doméstico quanto empresarial. Seus clientes e parceiros são algumas das principais empresas de hardware e software do mundo.

— Há muitas coisas que aprendi com meu pai e que pratico todos os dias. Uma delas é a determinação. Meu pai era a determinação em pessoa. Se as coisas iam mal, ele persistia. Quando iam bem, ele persistia também.

— Dou aulas num curso de negócios chamado Extraordinary Leaders, na Universidade de Seattle, onde ensino o que aprendi com meu pai. Minha determinação me faz capaz de dizer todos os dias: "Ei, as coisas não saíram bem hoje, mas estou motivado para fazer melhor amanhã". Essa é uma idéia muito simples, um clichê, porém saber colocá-la em prática é fantástico.

Uma reunião em Cingapura ilustra bem o que isso significa.

— Ter a oportunidade de se apresentar a um cliente potencial como esse pode levar seis meses. Levou várias semanas apenas para chamar a atenção deles, e ainda assim eles não estavam prontos para conversar conosco. Depois de alguns meses, liguei para eles novamente e disse: "O que vocês acham de recomeçarmos nosso diálogo?" Desta vez eles estavam prontos. Encontramo-nos em Las Vegas para uma apresentação inicial e agora eles nos abriram suas portas em Cingapura. Depois de anos de desenvolvimento de tecnologia e meses de frustração em marcar uma reunião, finalmente conseguimos.

O quadro da sala de reuniões da Spinoza exibia uma lista de coisas a preparar para a viagem, que lembrava muito os preceitos da Joe's Expert Tree Service.

1. Um produto imbatível
2. Uma apresentação fantástica
3. Presença profissional
   - Material bem escrito e apresentado
   - Roupas impecáveis
   - Estar preparado para responder ao máximo de perguntas

O pessoal da Spinoza se preparou cuidadosamente por dias a fio.

— Ok. É o suficiente. Sabemos exatamente onde queremos chegar, conclui Randy.

*

— Trabalhei em grandes corporações por muito tempo, e aprendi

LIÇÃO 4 – DETERMINAÇÃO

a ser empreendedor, pois sempre procurava exercitar meu potencial ao máximo. Teconologia da Informação — TI — era a área que mais me pareceu satisfatória para superar meus limites tanto em termos de desenvolvimento pessoal quanto intelectual. Porém, cada conquista parecia um novo limite para o que eu poderia fazer depois. Numa empresa muito conhecida e respeitada, por exemplo, o modo como ela era administrada fazia com que 10% das pessoas se encarregassem do trabalho criativo enquanto os outros 90% apenas cuidavam da execução.

Não é por acaso que Randy sempre se sentia subutilizado. Isso é muito comum nas empresas, apesar de frustrante. E pode acontecer com qualquer um, mas principalmente com um afro-americano como ele, que gravitava em torno de tarefas difíceis para comprovar seu mérito.

— Mas isso era a parte boa. A parte ruim era que, quando eu era bem-sucedido, eles não queriam me promover.

O desafio que a Spinoza enfrenta atualmente é manter sua posição.
— Hoje estamos na dianteira. Muitos líderes em TI esperam até que uma empresa estabeleça um mercado para um hardware ou software e só então a compram. Muitos investidores se sentem mais seguros agindo assim. Mas fui criado para enfrentar riscos, e até mesmo para buscá-los. O exemplo de meu pai me mostrou como fazer isso, então eu conheço os principais obstáculos emocionais e intelectuais do caminho. E isso é o desafio de construir um negócio. Não se trata apenas de administrar um capital financeiro. Trata-se principalmente de administrar seu capital emocional, mostrando tenacidade e vontade para conviver com o estresse e o risco, sem desanimar, mesmo quando todas as portas se fecham.

— Como professor universitário, muitos dos modelos que apresento em minhas aulas não são de líderes do mundo empresarial, mas de gente como Martin Luther King, Gandhi e Nelson Mandela, entre outras. Pessoas que, como meu pai, orgulharam-se de fazer coisas difíceis e de trabalhar duro. Eu nunca esquecerei sua lição.

Ninguém em minha família teme novas oportunidades e situações. Não ficamos felizes enquanto não estamos enfrentando os desafios de construir e desenvolver algo. Nós procuramos desafios. Nós procuramos críticas para nos tornar melhores e mais fortes. Nós deixamos que os erros se transformem em material para crescer. Nós persistimos porque isso é o que deve ser feito. E é a nossa recompensa.

LIÇÃO 5
Destemor

PREFÁCIO DE FRED D. GRAY

O grande prazer que a história nos proporciona é a possibilidade de olharmos para trás e percebermos um "movimento", uma mudança que pode ter levado décadas para acontecer e talvez tenha mudado o destino de uma nação. Isso é especialmente verdadeiro em relação ao que ocorreu em Montgomery, no Alabama, com o boicote aos ônibus, e o meu papel no que a história agora chama de Movimento pelos Direitos Civis. Esse retrospecto desperta o desejo de rotular esse período, de estudá-lo como uma história com começo, meio e fim, como se a história tivesse acabado. Relegando-os para a história, podemos ser tentados a tratar os fatos e os sofrimentos daquele período como curiosidades do passado, mas a verdade é que eles são elos para a construção do futuro.

Os estudantes de hoje podem refletir sobre a época em que os norte-americanos, e especialmente os afro-americanos, lutaram para criar uma terra livre dos males do racismo e da segregação, sem a hipocrisia que prometia a todos "justiça igual perante a lei", enquanto traía essa promessa sistematicamente. Apesar de bem intencionados, e com o devido respeito por aqueles que se sacrificaram, muitos norte-americanos pensam que, pelo fato de chamarmos aquela época de "Era dos Direitos Civis" e porque tivemos algum sucesso, a história acabou e nós seguimos adiante, finalmente como nação. A história não acabou. Não existe um "campo de jogo equilibrado" nos Estados Unidos. A luta continua.

Viver uma história é muito diferente de refletir sobre ela. A história avança inexoravelmente. A vida nem sempre. O que para a história parecia inevitável foi na verdade um conjunto de ações individuais e decisões pessoais feito à luz do perigo real, levando em consideração não apenas ideais e objetivos mais gerais, mas também riscos e sacrifícios pessoais. Fazer com que as mudanças aconteçam é um trabalho difícil. Existem obstáculos colocados pelo tempo e pela falta de recursos. Existem adversários, e até inimigos. Perdas. Há dias, e até anos, em que o curso da história parece fluir não em direção a um dia ideal, mas parece recuar para a desigualdade. Foi assim durante a Era dos Direitos Civis. Será assim para aqueles que procuram tornar o mundo melhor.

Foi preciso destemor para promover mudanças com o Movimento pelos Direitos Civis. A força de caráter também será necessária a qualquer um que queira construir um mundo melhor, ou apenas uma vida significativa ou uma boa família. Esta lição do passado não deve ficar apenas na lembrança. É preciso viver com princípios sólidos. É preciso tomá-los nas mãos.

Fred D. Gray é um dos mais ilustres advogados dos direitos civis dos Estados Unidos. Ajudou a fazer história ao representar Rosa Parks, e como conselheiro de Martin Luther King. Ele representou os integrantes do *Freedom Riders*, que foram de Selma a Montgomery, e também as vítimas do estudo da Tuskegee University sobre a sífilis, e muitos outros em busca de igualdade e justiça. Em 2004, recebeu o prêmio Thurgood Marshall da American Bar Association.

O Biddy Mason Park é um pequeno parque situado na Spring Street, no centro de Los Angeles, do outro lado do Ronald Reagan Building, em meio a algumas das propriedades mais valiosas dos Estados Unidos. Nascida no sul, em 1818, Bridget "Biddy" Mason era escrava de Robert Marion Smith, suposto pai de suas três filhas. Em 1847, Smith se converteu à religião mórmon e se mudou para o estado de Utah. Biddy tomou conta do gado, cuidou das crianças, serviu de parteira na caravana e cozinhou durante a viagem de três mil quilômetros.

Smith mudou-se novamente, em 1851, para uma comunidade mórmon em San Bernardino, a leste da atual Los Angeles. Como muitos outros que se mudaram para a Califórnia com os escravos de sua propriedade, Smith parecia não saber que eles eram oficialmente livres. A constituição da Califórnia havia declarado, em 1849, que "nem a escravidão nem a servidão voluntária serão toleradas neste estado".

Smith resolveu levar seus escravos para o Texas. Biddy Mason recusou-se a ir. Ela entrou na justiça para obter sua liberdade, e em 1856 um juiz determinou que ela e suas filhas tinham "direito à liberdade e estavam livres para sempre". Há uma cópia do veredicto em uma parede no parque que leva seu nome.

Assim teve início uma das mais notáveis carreiras de negócios da cidade. Biddy Mason investiu sabiamente em propriedades residenciais e comerciais da região, incluindo uma modesta residência na Spring Street, 333, onde viveu de 1866 até 1891, propriedade que lhe custou duzentos e cinqüenta dólares. A casa de Biddy era chamada de "A Casa da Mão Aberta", porque ela não economizava para alimentar e vestir os necessitados. "Se você ficar com as mãos fechadas", ela dizia, "não poderá receber nada de bom. A mão aberta é abençoada, pois dá em abundância, da mesma forma que recebe". Los Angeles cresceu, assim como a fortuna de Biddy. Ela fundou a Primeira Igreja Metodista Episcopal Africana, a primeira igreja negra da cidade. Educou suas filhas e netos. Um de seus netos, Robert, teve sucesso na política e nos negócios e se tornou um dos afro-americanos mais ricos de Los Angeles.

Ao morrer, em 1891, a menina escrava que tinha ido para a Califórnia deixou uma fortuna de trezentos mil dólares. Ela era conhecida na cidade como "Tia Mason" e "Vovó Mason". Em 1998, finalmente foi colocado um marco em seu túmulo, em Boyle Heights, e Los Angeles lhe dedicou esse memorial perto de onde esteve um dia "A Casa da Mão Aberta".

*

Em 1965, Joe Massengale havia abandonado sua carreira na rádio para se concentrar em seu negócio de paisagismo. Ele e seus irmãos ainda realizavam muitos trabalhos juntos, geralmente com seus filhos. Estava morando em uma casa nova, em View Park. Seus cinco filhos, incluindo Patrick, que estava com um ano, moravam perto dali, com sua mãe, Dorothy, primeira mulher de Joe, e nos fins de semana e durante o verão ajudavam o pai.

O início do Movimento pelos Direitos Civis em Los Angeles foi relativamente calmo se comparado às cidades da costa leste, onde explodiu a violência no verão de 1964. Distúrbios nas comunidades afro-americanas de Harlem, Rochester, Chicago, Jersey City, Paterson, Elizabeth e Philadelphia degeneraram em violência. O tamanho da cidade talvez tenha contribuído para diminuir a tensão em Los Angeles, mas a população do velho bairro de Joe não parava de aumentar com a migração do sul. Raras eram as áreas de integração como View Park, onde os negros eram bem recebidos. Os eleitores da Califórnia queriam vetar a lei de 1965, que garantia o direito igualitário à moradia, e aprovar uma medida que estendia a todo o país as práticas segregacionistas de venda e aluguel. A Suprema Corte reverteu a proposta, mas a idéia permaneceu.

Enquanto isso, nos bairros negros havia cada vez menos empregos e cada vez menos opções para ir e voltar do trabalho. Lares desfeitos, desemprego e propriedades deterioradas eram a regra. A raiva aumentava. Poucos dias antes da comemoração do 147.º aniversário de Biddy Mason, Los Angeles pegou fogo.

*

Pouco antes das sete, no calor do final da tarde de 11 de agosto de 1965, um policial da *California Highway Patrol* fez uma inspeção de rotina no carro de um sujeito que parecia estar dirigindo bêbado em South Central. A prisão se transformou em discussão, e as pessoas começaram a se aglomerar ao redor. Foram chamados mais policiais. Mais gente apareceu para protestar. Era uma faísca prestes a pegar fogo. Dezenas de pessoas se transformaram em centenas, gritando, irritadas. Uma pedra ou uma garrafa veio voando de algum lugar e a briga começou. À meia-noite, havia dezenove policiais feridos, quase três dezenas de presos e cinqüenta veículos danificados. No dia seguinte, os líderes da comunidade se encontraram para tentar acalmar os ânimos, mas as gangues haviam se mobilizado e estavam estocando coquetéis molotov. Quando caiu a noite, Watts estava em chamas, com milhares de pessoas envolvidas em tumultos.

O conflito chegou até a casa de Joe Massengale. Seus filhos eram novos, mas quatrocentos e cinqüenta rapazes e setenta garotas haviam sido presos no conflito, de modo que juventude não era sinônimo de segurança.

Michael Massengale tinha onze anos.

— Eu me lembro de que as coisas estavam quentes — diz ele. — A violência em Watts estava prestes a explodir. Em Los Angeles, nenhum negro podia olhar diretamente para um policial porque eles te mandavam parar. Meu pai foi preso várias vezes quando estava trabalhando. Naqueles dias, eles praticamente tinham permissão para arrancar um negro do carro e bater; era a supremacia branca.

— Eu era apenas um menino. Estava mais interessado em baseball do que no movimento *Black Power*. Eu não sabia muita coisa a respeito do Dr. King ou de Malcom X. Morávamos com a minha mãe na 80th Street. A vizinhança era mista, mas eu lembro que, quando mudamos para lá, em 1957, alguém queimou uma cruz no nosso quintal. Estávamos perto da área dos conflitos. Veículos militares circulavam pelas ruas. Minha mãe não nos deixava sair. Apareceram uns caras na nossa casa e nos chamaram para participar, mas meu pai mandou que ficássemos. Vimos tudo pela TV. Conhecíamos o bairro em que as coisas estavam acontecendo; era lá que comprávamos roupa e comida e costumávamos ir para ver a decoração no Natal. Imagine como é ver tudo aquilo sendo destruído.

Dois dos sobrinhos de Joe eram um pouco mais velhos e se envolveram diretamente. Charles e Oliver Massengale, filhos do irmão mais velho de Joe, costumavam trabalhar com Joe e seus filhos em empreitadas maiores. Eles estavam profundamente envolvidos com o movimento *Black Power* e faziam parte do círculo mais próximo do Dr. Maulana Karenga, que pouco depois dos conflitos fundou a Organização US.

Essa organização pretendia reviver o orgulho da cultura africana e criar uma comunidade independente. A US era menos agressiva do que algumas das outras organizações, como os Panteras Negras, e mais sintonizada com o movimento nacionalista negro do século XIX, de Marcus Gravey, e com Malcom X, do século XX. Seus membros usavam roupas e cabelos de estilo africano, adotaram nomes Swahili e criaram uma nova festa africana, a *Kwanzaa*. Charles e Oliver estavam presentes quando foi realizada a primeira dessas festas, em um apartamento em South Central.

— Nós ouvíamos o que dizia Ron Karenga, "Maulana" como era chamado e que quer dizer "mestre professor" em Swahili. Ele dava

LIÇÃO 5 – DESTEMOR

aulas de Swahili para adultos na Fremont High School e nós começamos a freqüentar. Antes disso, víamos a África como um bom lugar para manter distância. Eu não tinha idéia da minha herança. Eu não sabia da existência de reis negros, rainhas negras, conquistadores negros, sábios negros, doutores negros. Foi isso que começamos a aprender e passamos a freqüentar reuniões sobre cultura nacionalista negra em uma pequena livraria. O nosso grupo de estudos se chamava Círculo dos Sete. A US acabou surgindo desses encontros.

— Quando explodiu a revolta em Watts, meu irmão Charles estava trabalhando no negócio de paisagismo com nosso tio Joe, e tivemos brigas na família por causa de tudo isso. Joe não acreditava na luta de negros contra brancos; ele só queria ser bem-sucedido. A cor não tinha importância para ele. Ele quase não falava disso. Era contra a violência. Contra a destruição. Tinha uma postura sempre positiva, sempre construtiva. Eu nunca o vi destruindo o que quer que fosse. Joe conseguia se concentrar e se manter firme em seus objetivos. Eu sentia raiva. Eu fui para a rua para brigar. Acho que Joe sentia tanta dor e sofrimento quanto nós. Mas ele achava que a economia não tinha nada a ver com aquilo. Eu não, como muitos do movimento. Nós achávamos que a igualdade e a justiça mereciam atenção.

A capa da revista *Life*, de julho de 1966, mostrou jovens da US durante um treinamento militar. Em 1967, a organização atuava em toda a cidade e seus membros tinham uma rede de simpatizantes por todo o país. A US tinha membros até entre os americanos que estavam servindo no Vietnã. Na hierarquia da organização, Oliver Heshimu tornou-se *Mwalimu*, um professor.

— Eu era um dos sete professores do grupo e corremos o país falando do nacionalismo negro. Estávamos tentando fazer um Congresso Negro com as organizações de Los Angeles. As autoridades faziam de tudo para evitar que nos reuníssemos. À medida que fomos ficando mais populares, falávamos nas escolas e para as gangues, e quanto mais aparecíamos, mais aumentava a nossa influência e tanto mais as autoridades tentavam nos expulsar do campus ou nos prender.

Éramos constantemente atacados. Existia sempre a possibilidade de sermos mortos. Estávamos sendo perseguidos pelo FBI. Está tudo documentado. Eles nos viam como subversivos e temiam nosso poder dentro da comunidade. Nosso objetivo era mudar a mentalidade das pessoas, aumentar sua consciência. Enfrentamos a resistência da polícia local, os helicópteros voavam sobre a cidade dia e noite. Quando explodiu a revolta em Watts, estávamos nas ruas lutando corpo-a-corpo.

Heshimu rapidamente passou a supervisionar o *Simba Wachanga*, Jovens Leões, o braço paramilitar da US. Eles estudavam intensivamente ideologia, artes marciais e armas, e faziam um juramento que dizia: "devemos acreditar em nossa causa e estar dispostos a morrer por ela... e parar de brincar de revolução e fazê-la". Essa não era uma promessa vazia. No estúdio de Heshimu há uma foto em que ele aparece carregando armas e pistolas por uma rua em South Central. Heshimu e seu irmão não lutavam apenas contra as autoridades, mas combatiam também outras organizações de ativistas negros, especialmente os Panteras Negras. Um tiroteio entre a US e os Panteras em 1969 deixou dois mortos.

Nada dividiu tanto a família de Joe Massengale como esse conflito. Joe continuou a manter boas relações com seus sobrinhos, mas foi firme quanto à sua postura e à de seus filhos.

— Vocês vão ter muitos problemas — eu dizia aos meus sobrinhos. Mas eles respondiam que eu só pensava em ficar sossegado no meu canto, e não me misturava com os companheiros negros, coisas desse tipo. Às vezes as conversas esquentavam. Eu os respeitava, e ainda respeito, mas eu não iria permitir que um dos meus filhos se envolvesse. Eu nunca falei contra os Estados Unidos. Eu tinha idade suficiente para saber que, mesmo com as diferenças raciais, as coisas por aqui ainda eram melhores do que em outros lugares. Nós mantivemos um relacionamento cordial, mas eu não faria o que eles estavam fazendo.

Joe não estava ciente dos sentimentos de seus filhos. Larry, o terceiro, lembra:

LIÇÃO 5 – DESTEMOR

— Dos treze aos dezessete anos, enquanto meus primos estavam na US, eu sentia uma ligação com eles. Meus amigos e eu estávamos cansados da idéia de desobediência civil e protestos sem violência. Queríamos justiça e estávamos dispostos a fazer o que fosse necessário. Eu era mais agressivo do que meu pai pensava. Não deixava que ele percebesse, pois sabia como ele se sentia, mas freqüentei os Panteras Negras. Meus amigos e eu fazíamos a saudação do *Black Power*, usávamos jaquetas pretas e boinas. Meus primos estavam na vanguarda intelectual do movimento. Os Panteras eram mais agressivos: apoiavam a filosofia do "uso dos meios que fossem necessários" de Malcom X. Acho que meu pai nunca percebeu como isso me afetava. Ele nunca me viu usando a boina. Meu pai era contra a confrontação direta.

Randy concorda:

— Nosso pai fazia com que tivéssemos contato com todo o tipo de gente, no trabalho, em casa, em diferentes tipos de igreja, para que nunca encarássemos a questão racial como um fator determinante em relação a uma pessoa. Se visse um negro fazendo alguma coisa errada com um branco, ele brigava com o cara. Mas muita gente não era assim. Conheci negros que achavam que podiam odiar os brancos por causa das coisas que haviam vivido. É fácil entender; como haviam enfrentado dificuldades, achavam que tinham o direito de usar as mesmas armas. Mas meu pai não caiu nessa armadilha. Ele dizia "eu também tive meus problemas, mas vocês não têm nada a ver com isso, e nem os amigos de vocês. Vocês têm que fazer amizades com as pessoas baseando-se no caráter".

— Ele tinha palavra — lembra-se Randy. Quando estava no colégio, eu comecei a sair com uma garota branca. O pai dela não gostava. Mas nós conversamos com meu pai e ele disse: "Nós temos muitos problemas nesta casa, mas o racismo não é um deles".

— Eu não acredito nessa idéia de identidade racial ou nessa coisa de "ficar do seu lado da cidade" — diz Joe. — Eu me dou bem com qualquer um que queira se dar bem comigo. Nunca tive problemas no meu bairro. Sempre nos demos bem com os vizinhos.

— É fácil entender por que algumas pessoas se deixaram atrair pelo Movimento, especialmente os jovens, mas havia coisas ruins... e meus sobrinhos Charles e Oliver quase morreram por causa disso. Atiraram uma bomba no apartamento em que estavam. Meus filhos eram novos demais para se envolver seriamente. Muitos dos jovens que entraram para a US eram adolescentes, por isso meus filhos estavam vulneráveis. Nós conversamos a respeito. Acho que eles respeitavam minha experiência e o meu jeito de ver as coisas. Eles podiam se meter em encrencas, como todos os garotos, mas nunca se envolveram com nada sério, e nós tínhamos muito trabalho. Nunca fui a qualquer reunião do Movimento. Eu freqüentava a igreja que queria e estava fazendo o que queria, e nada iria mudar isso. Eu sabia quem era; eu não tinha dúvidas. Eu nunca disse aos meus filhos para ficarem longe daquilo; eles sabiam fazer o que era certo, e não achavam que aquilo fosse certo. E depois de toda aquela luta, de toda aquela destruição, as pessoas que fizeram aquilo tiveram que voltar para a realidade e procurar um emprego.

Quando estava no auge, a US tinha apenas algumas centenas de membros, mas milhares de pessoas compartilhavam suas idéias enquanto Watts pegava fogo. No aniversário de Biddy Mason em 1965, cento e cinqüenta quarteirões de Los Angeles viraram uma praça de guerra. A Guarda Nacional desceu a Central Avenue com tanques. Nas esquinas, haviam montado armas calibre cinqüenta, e dez mil soldados uniformizados carregavam rifles pelas ruas.

O estopim para o fogo veio de um slogan usado por um dos colegas de Joe Massengale na rádio. O lugar de Joe como DJ havia sido ocupado por Nathaniel "Magnificent" Montague, jovem carismático que já havia usado a frase em Nova York e Chicago para animar sua audiência, mas, em Los Angeles, a chamada para esquentar a música se transformou em um grito de guerra: "Burn, baby! Burn!" Mantague ficou chocado quando viu que seu slogan estava sendo usado para mobilizar os manifestantes, e mudou a frase para "Have mercy!" (Tenha piedade)!

No último dia, 16 de agosto, o resultado era devastador. Mais de trinta e cinco mil pessoas haviam participado diretamente das manifestações, e outras dezenas de milhares ficaram assistindo. Trinta e quatro estavam mortas, mais de mil estavam feridas e quatro mil foram presas. Os danos foram avaliados em duzentos milhões de dólares. A nação assistira a um espetáculo doloroso e assustador.

— É claro que as pessoas estavam com raiva. E também descontentes. Elas estavam sofrendo. Eu também sofri, em Marshall e em Los Angeles, mas não existe isso de acertar as contas. Destruir um negócio. Branco ou negro, como é que se pode acertar as coisas desse jeito? E o que pode haver de bom nisso? Eu queria mais do que acertar as contas. Eu queria ser melhor do que as pessoas esperavam que eu fosse, e queria isso para meus filhos. Você só fica mais fraco quando acerta as contas. Deuterônomio 32:35: "Minha é a vingança e a recompensa..." Não é isso o que fazemos em nossa família. Isso só leva a mais mortes.

— Algumas das guerras que estão acontecendo agora em Los Angeles começaram há vinte anos. Esses jovens... um perde um amigo e se vinga, então o outro lado revida... isso leva a mais dor e mais sangue, e não melhora a vida de ninguém. Eu encarei as coisas ruins que me aconteceram como um incentivo para crescer, e não como motivo para me vingar. Essa vingança toda só prejudica as pessoas. Não foi uma vitória de ninguém, nem em 1965, nem em 1992, quando as pessoas se manifestaram de novo. Só houve perdas. O mal foi feito, e esta cidade ainda não se recuperou. Eu gosto do progresso. Eu procurei fazer algo positivo. Eu não me permiti ficar com raiva.

— Quando estão com raiva, os homens fazem besteira. Um homem que vai de porta em porta como eu precisa saber se adaptar. Precisa ser flexível. Você não pode ficar com raiva quando as coisas dão errado. Eu sempre tive mais satisfação com bons encontros, com pessoas boas, do que com qualquer enfrentamento. Quando olho pra trás, vejo que isso é que tem valor: as pessoas cujo respeito eu conquistei, e que conquistaram o meu. As boas pessoas que conheci me mostraram o que acontece quando você as trata como gostaria de ser tratado.

— Eu não concordo com essa idéia de ser maltratado. O que significa ser "tratado"? Eu não peço para as pessoas me tratarem bem: eu sou respeitoso. Não custa nada ser gentil, e não vou deixar de sentir isso, porque no fim das contas é o que vale. Se você tiver bons sentimentos, eles voltam pra você.

— Eu não tinha medo de ser exatamente o que eu era. Eu tinha noção da minha própria independência, da minha identidade, numa época em que as pessoas queriam se colocar em um lado ou outro de qualquer questão. Eu não deixaria que me rotulassem. Isso é apenas um sinal de covardia. Eu não tinha medo de ser quem eu era e ver as pessoas como eram. Esse é um aspecto do destemor. O outro é a prudência e a cautela. As pessoas sem medo e sem cautela têm problemas, mas destemido não quer dizer imprudente. Estou sempre atento para não fazer algo de que me arrependa para o resto da vida, como dizer alguma coisa e depois não ter a chance de retirar o que disse.

— Quando sinto medo, eu penso no meu pai em Marshall. Dois caras que cortavam madeira pra ele começaram a brigar depois de terem bebido num sábado à noitinha. Meu pai não foi embora. Eles trocaram alguns socos e um derrubou o outro, mas o meu pai separou os dois e mandou que parassem. O cara que estava no chão pegou um tijolo e ia atirar no outro. Meu pai chegou perto dele e disse: "Não faça isso. Não machuque esse homem". E o cara respondeu: "Senhor Hugh, se não sair da frente eu vou acertar o senhor". Meu pai não se abalou e mandou o cara soltar o tijolo. E o homem soltou o tijolo. Eu ainda lembro da cena. Ele era assim. Estava sempre fazendo as coisas direito. Tratava bem todo mundo e não exigia muito. Era um homem humilde, mas firme.

— Eu fazia de tudo para controlar minha raiva e só mostrar o melhor de mim. A coisa mais importante que eu fiz pelos meus filhos foi conversar. Eu falava francamente sobre atitudes, comportamento e caráter enquanto fazíamos nosso trabalho. Eu percebia o que eles precisavam saber, e tentava passar minha experiência. Puro bom senso. Para ter o controle do seu destino você não precisa derrubar um

LIÇÃO 5 – DESTEMOR

prédio. Você tem que cuidar da sua educação, conquistar uma posição na vida e fazer algo positivo pelo lugar onde você vive.

*

No auge do sucesso nas corridas, Joe realizou um sonho comprando uma fazenda em Fallbrook, cerca de 150 quilômetros ao sul de Los Angeles, perto de uma das pistas mais bonitas do país, no Del Mar Thoroughbred Club.

Era o lugar perfeito para um cavaleiro. O segundo casamento tinha acabado e Joe tinha a esperança de conseguir recomeçar e se tornar um criador de cavalos puro-sangue em tempo integral. A mudança já era um ato de coragem: Fallbrook era a sede da Resistência Ariana Branca, liderada por um ex-cavaleiro da Ku Klux Klan.

— Eu queria ir embora de Los Angeles. Eu tinha me divorciado e queria recomeçar a vida. Eu gostava de tudo o que dizia respeito a cavalos, e estava disposto a fazer de tudo para aprender com as pessoas que sabiam mais do que eu. E o lugar era lindo, como Marshall. Eu estava acostumado com a vida em cidades pequenas. Todo mundo se conhece, todo mundo fica de olho em você e no que você faz. Uma boa reputação é seu bem mais valioso. Gosto de lugares assim.

O Rolling JM Ranch tinha dez acres espalhados pelas colinas com uma casa cor de creme, pastos verdes e palmeiras. Joe construiu um pátio de tijolos, reconstruiu os celeiros e *paddocks* e se preparou para ter uma longa carreira. Ele era o único proprietário afro-americano e um dos poucos negros da cidade. Teve problemas menores com a polícia local, mas as pessoas em geral eram amigáveis e ele se sentia em casa. Até abriu um pequeno restaurante para fazer outra coisa de que gostava: cozinhar.

— Chamava-se Joe's Oak Pit Bar-B-Que — diz Joe —, com um sorriso. Nós abrimos numa sexta-feira e encheu de gente. Não conheço quem não goste de um bom churrasco. Havia filas na porta todas as noites. Os marinheiros de Pendleton praticamente viviam ali. E eu fazia algumas locuções às sextas na rádio local.

Surpreendentemente, não houve problemas com os radicais racistas.

— O líder da Ku Klux Klan vivia na fazenda ao lado. Certa noite meu cachorro se soltou e matou uma de suas ovelhas. Eu me desculpei, fiz um cheque para cobrir o prejuízo e foi isso. Assumi a responsabilidade e paguei. Não houve confronto porque ninguém encarou o assunto como questão racial ou algo do gênero. Para mim, ele era um vizinho como outro qualquer. Eu conversaria com ele, a qualquer hora. Eu sei que no rádio as pessoas falam coisas que não diriam na porta de casa. Mas se ele provocasse, eu não ficaria quieto. Eu não queria encrenca, mas não iria deixar passar.

— O engraçado é que os extremistas brancos gostavam de churrasco como todo mundo. Eles vinham ao meu restaurante. Veja, eu não sou um homem violento, mas não deixaria que machucassem minha família. Mas é preciso entender o que está acontecendo. Aquela vez com meu pai e as mulas, em Marshall... ele estava certo em ficar zangado com o vizinho que queria três ou quatro dólares todas as vezes que os animais escapavam. Mas o meu pai deveria construir uma cerca melhor. Se ele tivesse enfrentado o homem com uma espingarda, bom, isso seria suicídio. Que importância teria estar certo ou errado se ele deixasse uma viúva com treze filhos?

— É claro que não estava certo o modo como a polícia falava comigo quando eu engraxava sapatos na rua quando era criança. Mas quando você se torna um adulto, tem que esquecer a raiva: *você não vai para frente sentindo raiva*. Não tenho raiva de ninguém pelo que aconteceu comigo. Eu não fui uma vítima. Eu não vou me sentir como uma vítima.

— Meus sobrinhos fizeram sua escolha e eu fiz a minha. Acho que algumas pessoas acreditavam que não tinham alternativa senão lutar, e para isso mantiveram a raiva. Eu tinha outras coisas na cabeça. É uma escolha. Eu não iria arriscar o meu futuro e o de meus filhos num momento de medo e raiva.

— O preconceito racial é um inferno. Eu já estava cansado daquilo. Eu fiz amigos em Fallbrook e aproveitei a vida.

A tranquilidade durou dez anos.

LIÇÃO 5 – DESTEMOR

— Aquilo era um sonho — diz Joe. — O lugar era lindo. E eu tinha metido na cabeça que iria me tornar um criador. Mas não dá para manter uma fazenda daquelas só com o que ganham os cavalos. O fluxo de caixa não era suficiente. De nada adianta o destemor se você não sabe o que está fazendo. No final, a fazenda não estava se pagando. Tive que vendê-la. Acabei dando a maioria dos cavalos.

Ele ficou apenas com alguns trocados nos bolsos. Aos sessenta, voltou a trabalhar. Joe se mudou para Los Angeles e foi morar com Michael. Entrou em contato com seus antigos clientes e recomeçou o negócio de cortar árvores.

— Deixei Fallbrook com todas as dívidas pagas. Tinha quatrocentos dólares e estava recomeçando. E estava com a consciência tranqüila. Não tinha medo de nada. Tinha a mente clara e, quando a mente está clara, você consegue. Eu só queria trabalhar.

— Uma coisa é estar falido, outra é ser pobre — diz Joe. — A falência é algo que pode acontecer, a pobreza é uma questão de mentalidade. O dinheiro não ajuda se você tiver a pobreza no coração, no espírito. Eu tinha um rumo. Eu tinha um objetivo. Eu sabia que iria me recuperar.

Joe teria pela frente o desafio de recomeçar os negócios, mas seu grande teste seria como pai.

Existem homens que conseguem fugir das responsabilidades. **Eles não aprendem** com a vida, colocando seus próprios interesses em segundo plano e construindo. O que eu aprendi é que você colhe o que planta. Minha esposa diz que estou sempre fazendo sermões sobre como "fazer a coisa certa". Mas ela é minha garota, e Lena é minha filha, e eu sou responsável, ponto final. Preciso me tornar um homem melhor e ser firme em relação a isso.

SE DEPENDER de seu pai, Lena Payton Massengale será uma atleta-bolsista quando for para a pré-escola. Ela gosta mais de livros e de bolas de basquete do que de bonecas e bichinhos de pelúcia. Aos 18 meses de idade, ela tem duas tabelas de basquete, e adora agradar a seu pai, que é um treinador rigoroso. Quando Lena nasceu, Patrick escreveu para seus irmãos:

Caros irmãos,

Desculpem não ter escrito antes. Tenho trabalhado direto e, quando posso, procuro descansar um pouco. Quero agradecer o apoio de vocês. Sem minha família, eu não seria nada.

Gigi e eu fomos abençoados com o nascimento de Lena Payton Massengale. Ainda estou em estado de choque. O mais importante quando se tem filhos é que a criança venha para este mundo com saúde. E Lena é forte como um touro.

Eu me ajoelhei e rezei todos os dias para que esta criança não sofresse por nada do que eu fiz no passado. Rezei para que ela viesse ao mundo como um exemplo do amor de Deus. E por isso agradeço a Deus, a Gigi e a vocês.

Muito obrigado a todos, eu amo todos vocês. Lena tem e vai continuar a ter uma vida abençoada graças a Deus e a vocês. Um grande beijo para todos.

Com amor, Tio P.

LIÇÃO 5 – DESTEMOR

Lena tem esse nome em homenagem a Lena Calhoun Horne, que seu avô Joe Massengale conheceu nos anos 1940 no Club Alabam em South Central, Los Angeles. Nascida no Brooklyn, Lena Horne dormia nos ônibus quando não deixavam que pernoitasse nos hotéis onde se apresentava. Muito admirada durante a II Guerra Mundial, ela se recusava a apresentar-se para platéias segregacionistas. Sobreviveu às listas negras dos anos 1950 e foi reconhecida como membro honorário do Kennedy Center em 1984.

O outro nome de Lena tem outra origem, mas o mesmo espírito. Walter Payton, terceiro na lista da NFL dos melhores de todos os tempos, era conhecido por "Doçura" pelos fãs de futebol em Chicago. Apesar de pequeno, Payton era famoso por sua tenacidade e resistência no campo, e por sua bondade e generosidade fora dele. Morreu muito jovem.

Patrick admira Lena Horne por sua beleza e sofisticação, e adora Walter Payton por sua persistência e dignidade.

— Espero que esses nomes representem força e classe para minha filha — diz Pat, enquanto Lena brinca.

*

Patrick e sua esposa dirigem a Air-All Dynamics, empresa de limpeza móvel para aviões e veículos comerciais, e a Big Pat's BBQ Express, empresa de refeições na região de Denver.

— Quando você me pergunta o que meu pai significou para mim durante estes anos todos, ele diz, é importante que você saiba que meus pais se separaram antes de eu nascer, e se divorciaram quando eu tinha cinco anos. Eu fui o quinto filho. Só vivi com meu pai durante dois anos. O que aprendi com ele, aprendi enquanto trabalhávamos, nas visitas e através dos meus irmãos.

— Eu saí de casa muito cedo, com dezessete anos. Não estava indo bem na escola em Los Angeles e fui para o Oregon, onde Joe Jr. e Randy tinham estudado, numa faculdade comunitária. Fiquei mais ou menos um ano e meio, e depois resolvi seguir minha vida.

— Fiquei entre Denver, Houston e Chicago. A vinda para Denver foi aleatória. Isso foi há vinte anos. Eu não conhecia ninguém. Desci do avião com uma maleta de roupas e uma pequena TV em preto-e-branco.

— Eu estava em busca de algo, mas não sabia o que era. Queria alguma coisa na área financeira e fui fazer uma entrevista para assistente de corretor, mas me mandaram embora dizendo que eu não poderia trabalhar lá porque não tinha estudo.

— Fiquei batendo a cabeça durante algum tempo e hoje, quase vinte anos depois, tenho alguns negócios com a minha esposa. Tivemos momentos bons e difíceis, mas estamos aqui. Se você me perguntar qual foi a lição que meu pai me ensinou e que uso em meu trabalho e na minha vida, eu lhe digo que é destemor.

— Eu vi meu pai enfrentando problemas. E nunca o vi desistindo ou fugindo; nunca o vi recuando diante do perigo, e estou falando de perigo físico. Ele era muito protetor em relação à família e aos filhos.

— Ele só queria trabalhar como qualquer outra pessoa. E procurava ser um exemplo em tudo o que fazia. Ele se mantinha fiel ao que prometia a si mesmo, à sua família e seus clientes. Era assim que ele conseguia alcançar objetivos que as outras pessoas sequer tinham coragem de imaginar.

— Eu aprendi a não recuar nem ceder por causa do medo. Sou um afro-americano no Colorado, representamos 5% da população na região de Rocky Mountain. De vez em quando aparece alguém querendo se aproveitar da situação. Estou falando dos negócios, do banco, do supermercado. Eu não procuro encrenca, mas às vezes acontece. E se tiver que me defender, é o que farei. Algumas pessoas acham que se deve dar a outra face, e eu entendo. Sou um homem gentil por natureza. Mas aprendi com meu pai que um homem gentil também pode ser forte.

— Todos nós temos que enfrentar desafios diariamente, e isso não tem nada a ver com raça. São problemas com dinheiro, ou preocupações com o futuro, com o amor, a saúde... O medo não tem nada a ver com ser branco ou negro. Não tem nada a ver com o que você tem ou onde você vive. Precisamos encontrar coragem dentro de nós.

LIÇÃO 5 – DESTEMOR

— Vivemos em um mundo violento, onde é fácil sentir raiva ou tornar-se uma pessoa amarga, mas esses sentimentos são medo disfarçado. O medo está à espreita. Ficou a vida inteira esperando por meu pai, e ele nunca sucumbiu. Quanto a mim, minhas prioridades são muito claras. Quero cuidar da minha família. Não posso fraquejar. Eu agora sou pai. Tenho que ser responsável. E me sinto feliz. Lena me dá um sentimento de que tenho um objetivo. Nunca senti isso. Quando era solteiro, eu não tinha responsabilidades. Provavelmente, nem percebia metade dos problemas lá fora, mas agora... agora preciso encarar todos os obstáculos sem medo, os que estão lá fora e dentro de mim, e encontrar uma maneira de superá-los.

*

— Entrei para o ramo da alimentação porque gosto de cozinhar e gosto do negócio como um todo. Trabalhamos com festas e eventos promocionais, inauguração de escritórios e consultórios. Já preparamos um bufê para quinhentas pessoas.

— Gosto de ver as pessoas apreciando minha comida. Estamos pensando em expandir o negócio, comprar novos veículos... Estamos ficando bons, e é divertido. Foi assim que meu pai fez, uma coisa de cada vez. Aprendemos muito com ele. Eu o vi comandando uma grande equipe, com três ou quatro caminhões, indo para lugares em que ninguém esperava ver negros por perto. E ele não parava. Isso também acontece por aqui. Posso estar cuidando de um serviço de limpeza ou de um churrasco, e isso desperta a curiosidade das pessoas. Os afro-americanos ainda são uma raridade aqui no Colorado. Mas, como eu disse, tenho um objetivo. Dirijo um negócio, tenho uma família, e é nisso que estou concentrado. Meu pai fazia a mesma coisa. Ninguém conseguia pará-lo. Quando você tem um objetivo, algo que você precisa realmente fazer, você se concentra nisso, e o medo não atrapalha.

Esta noite, algumas bandas novas vão tocar no clube. Diante do salão, Pat monta uma tenda e coloca algumas cadeiras para as pessoas comerem. Às oito da noite o ar está enfumaçado por causa das grelhas,

Pat está rindo e preparando a comida com as duas mãos. Quando terminam de tocar, as bandas saem para comer.

A maioria dos clientes volta para dentro do salão, para ouvir outra banda tocar. Somente algumas pessoas estão por perto quando três jovens tatuados, usando jaquetas de couro preto e botas com bico de metal, aproximam-se das grelhas.

Eles têm a cabeça raspada. Usam anéis e brincos de prata. As tatuagens em seus braços e as insígnias de suas jaquetas exibem suásticas nazistas, cruzes de ferro e caveiras com ossos cruzados. As pessoas abrem espaço para eles.

Denver ainda está assustada com a violência racial. No aniversário de Martin Luther King, há pouco tempo, a Klu Klux Klan promoveu um rally e houve briga. Mais de vinte pessoas foram presas. A polícia precisou usar cassetetes e gás lacrimogêneo para dispersar a multidão. Alguns anos antes, um policial e um imigrante negro foram assassinados por skinheads.

Esses caras não estavam ali por causa da música. Estavam fumando e bebendo cerveja em lata. Perguntaram a Pat sobre a comida.

Pat é o maior dos irmãos Massengale. Os rapazes demonstram surpresa quando ele sai detrás das grelhas e se apresenta. Pergunta o nome deles.

— Rick, Larry e Mike, eles dizem. Dois dos meus irmãos se chamam Larry e Michael, Pat fala com um sorriso.

Eles perguntam se podem sentar. Pat senta com eles. Os skinheads parecem perplexos, curiosos com o que está acontecendo. Eles não esperavam por isto.

De vez em quando alguém vem perguntar a Pat se está tudo bem. As pessoas se conhecem naquele lugar. Os encrenqueiros não são bem-vindos. Até alguns membros das bandas vêm ver se está tudo bem.

— Tudo tranqüilo, Pat diz a eles. Os skinheads oferecem a Pat uma lata de cerveja. Ele agradece.

Resta pouca gente por volta da uma e meia da manhã. Os skinheads estão bebendo cerveja há pelo menos três horas. A maioria dos amigos de Pat já foi embora. Se os skinheads estão pensando em criar problemas, essa é a hora. Mas nem Pat acredita no que acontece em seguida.

Ele está arrumando as coisas no caminhão para ir embora quando um dos jovens se aproxima.

— Qual é mesmo seu nome?
— Eu me chamo Pat.

O homem estende a mão.

— Eu me chamo Rick. Sou um skin, mas você é legal Pat.

Todos vão para casa em segurança. No caminho, Pat sorri. Algumas das pessoas do clube estavam armadas.

— Imagine o que poderia ter acontecido se as coisas ficassem feias, Pat diz. É assim que as pessoas podem morrer. Eu já vi isso.

— Eu vi como era a segregação racial em Los Angeles, mesmo sendo criança. Eu sei o que é sair de uma festa e sentir as balas passando, ouvir os tiros. Perdemos amigos e familiares por causa da violência. Mas eu cresci num bairro onde havia mistura, eu tinha amigos brancos. Não fazia muito sentido a raiva constante diante de uma idéia abstrata, quando na vida real tínhamos amigos brancos.

— Eu não acho que as idéias do Movimento estavam totalmente erradas. Um de seus princípios era o respeito pela unidade e pela comunidade, e acho isso certo. Uma das coisas que sempre admirei em meu pai e meus tios era a união deles no trabalho, e como nos diziam para permanecermos unidos como família. Tenho certeza de que meus irmãos já disseram que ele jamais permitiu que deixássemos de ajudar uns aos outros. Eu não acho certo o pensamento que quer limitar a comunidade, que proponha a segregação. O isolamento é fruto do medo. Você não pode viver assim.

— Minha família tinha muita consciência das questões raciais e do orgulho racial, inclusive meu pai. Mas éramos realistas: tínhamos que trabalhar, cuidar da vida, e precisávamos encontrar uma maneira de nos adaptarmos àquela época. Eu não estou falando de submissão. Quero dizer que precisávamos ter coragem e caráter para procurar algo melhor do que medo e raiva. Como esta noite, qualquer demonstração de raiva, ou se nos deixássemos levar pelo medo, poderia ter custado a vida de qualquer um. Aqueles skinheads não esperavam encontrar uma pessoa calma. Eles queriam provocar uma reação e não conseguiram. Eu não demonstrei medo. Mostrei o que queria mostrar. E não permiti que ninguém do clube interferisse. Eu estava trabalhando e estava concentrado no que precisava ser feito porque sei que preciso cuidar da minha família. Não vou deixar que o medo tome conta de mim. Eu queria voltar para casa, para minha filha. E nada iria impedir que isso acontecesse. Às vezes você precisa caminhar pelo vale das sombras. Mas precisa caminhar.

Lena está dormindo quando Pat chega em casa. Ele vai dar uma espiada no berço antes de descarregar o caminhão. — Nós gostamos de ser empresários, ele diz. Nós dois trabalhamos no mundo corporativo de Denver, e comecei meu negócio do nada. Estamos mais felizes trabalhando por conta própria. Algumas pessoas não entendem como conseguimos viver sem a segurança do pagamento seguro todo mês. Mas se alguém acredita que está seguro porque trabalha para uma grande empresa, está enganado. Conhecemos gente que trabalhou durante 20, 25 anos para a mesma empresa e de repente acabou. Veio a demissão.

— Aprendi essa lição com minha família, quando eu tinha uns vinte anos, e não tinha medo, certo? Nessa idade, ninguém tem medo. E meus irmãos Joe e Larry me deram o conselho mais importante da minha vida. Eu queria comprar um carro, um Saab usado. Cara, o carro era lindo. E eu sabia que iria atrair muitas garotas, eu sabia. Todos os dias eu passava pela loja e dizia para o dono não vender meu carro. Estava trabalhando para uma empresa de telecomunicações e tinha acabado de receber um aumento. Contei para meus irmãos que ia comprar o carro. Eles disseram: "Tudo bem, Pat. Isso é ótimo, compre o seu Saab. Mas o que vai acontecer se você for demitido?"

— Eu não podia acreditar naquilo. Eu tinha acabado de receber um aumento, os caras me adoravam. Mas eles insistiram: "E se eles

LIÇÃO 5 – DESTEMOR

deixarem de te adorar? Como é que esse carro vai ajudar se você precisar mudar de vida? Se você estiver por sua própria conta, vai ser um bem ou uma dívida?" Dá pra pensar, certo? Por isso, em vez do carro eu comprei uma van e o equipamento, e comecei a fazer o serviço de limpeza em carros e aviões nos fins de semana. Eu nunca me arrependi.

— Meus irmãos me ajudaram. Quando comecei meu negócio, Randy vinha me ajudar quando podia. Foi Michael quem me abriu os olhos. Consultei Larry para comprar os caminhões. Meus irmãos me ensinaram como participar de concorrências e calcular orçamentos.

— Eu cometi alguns erros. Fracassei várias vezes. Isso talvez aconteça de novo. Mas eu não tenho medo. Vou procurar aprender, e acho que meus erros não serão tão graves quanto já foram. Acho que o medo do fracasso deixa as pessoas iludidas. Elas conseguem um pouco de segurança e se agarram a ela mesmo que seja ilusória. É preciso não ter medo. Os desafios vão surgir mesmo que as pessoas se esforcem para continuar seguras. É preciso estar preparado. Minha família me ensinou que não se pode perder tempo ficando com medo, é preciso ser flexível. Adaptar-se ao que acontece. Ir em busca da responsabilidade porque essa é a verdadeira recompensa.

Às 3 horas da manhã, Pat termina de arrumar tudo. O seu cansaço físico é aparente, mas ele exibe um sorriso no rosto.

— Existem homens que conseguem fugir das responsabilidades. Eles não aprendem com a vida; colocam seus próprios interesses em segundo plano, falham e se recuperam. O que eu aprendi é que você colhe o que planta. Minha esposa diz que estou sempre fazendo sermões sobre como "fazer a coisa certa". Mas ela é minha garota, e Lena é minha filha, e eu sou responsável, ponto final. Preciso me tornar um homem melhor e ser firme em relação a isso.

LIÇÃO 6
Foco

PREFÁCIO DE TOM CASH

Há mais de vinte anos tenho tido o privilégio de trabalhar com estudantes que já nasceram tendo que enfrentar desafios. Nesse tempo, o nome que é dado à sua condição foi mudando. Essas crianças são chamadas de "autistas", "portadores de deficiência", "retardados mentais" ou outros termos que se pretendem úteis para profissionais que procuram ajudá-los como eu.

No começo eu respeitava mais a terminologia. As palavras podem ser úteis para os professores, mas para os alunos são limitadoras: impostas com as melhores intenções, elas são mais um obstáculo a ser superado. Com nossa compaixão, nossa vontade de ajudar, nós às vezes os protegemos de coisas que achamos que não conseguirão fazer. Mas essas crianças estão sempre me surpreendendo. Na melhor das hipóteses, ignoram a terminologia e passam por cima das limitações. Decidem quem são por si mesmas.

De certa maneira, sinto que agora sei menos do que sabia sobre os desafios que meus alunos precisam enfrentar, e sei que outros profissionais se sentem tão ignorantes quanto eu. As causas das deficiências do desenvolvimento continuam tão obscuras quanto no início da minha carreira. Os especialistas prevêem uma "epidemia" de milhões de novos casos nos próximos anos. E enquanto inúmeras crianças "autistas" são diagnosticadas, a terminologia continua generalizante. Pára no indivíduo. Cada caso é único. Cada uma dessas crianças pode superar todas as expectativas.

A grande esperança dessas crianças está dentro delas mesmas, se permitirem que elas sintam essa esperança. Se há algo que nunca mudou no entendimento que temos de condições como o autismo, é o espírito das próprias crianças. Perseverantes, ávidas para aprender, engraçadas, amorosas, essas crianças são mais criativas e capazes do que qualquer um de nós poderia imaginar. Também são muito fortes, e se lhes dermos a chance de mostrar essa força, elas a compartilham generosamente com seus professores e entre si.

Eu comecei como professor e acabei me tornando um aluno. Essas crianças me ensinaram a nunca centrar esforços para se encaixar nessa condição, mas sempre tentar superá-la. Eu não digo a elas o que não podem fazer. Eu as ajudo a me dizer o que podem fazer.

A "epidemia" de autismo e distúrbios do desenvolvimento é apenas uma conscientização em relação a essas condições, o que nos dá uma oportunidade de entender pessoas que são tão humanas, e muitas até tão capazes quanto nós, e de crescer com elas para que todos nos superemos.

Todos os dias encontro pessoas como Joe Massengale e alunos como seu filho Andre, pessoas normais que moram na casa ao lado, que acreditaram em si mesmas, que arriscaram, erraram e se recuperaram, que se concentraram e superaram os rótulos que lhes impuseram. Elas estão sempre me lembrando de que não existe rótulo forte o bastante para aprisionar o espírito humano.

Tom Cash é mestre pela Califórnia State University, de Los Angeles. Empreendedor, seu grande interesse são as crianças com necessidades especiais. Desde 1967 ele dá aulas para essas crianças na área de Los Angeles.

O foco foi a chave. Mas a verdade é que meu pai me ensinou tudo: a trabalhar, a pensar, a ser limpo, ir com calma e falar direito. Aprendi tudo com ele. Meu pai me fez o que sou.

Num domingo típico, Joe Massengale e Andre, seu filho caçula, vão juntos à Figueroa Church of Christ, em South Central, Los Angeles. Esta igreja, que fica perto de onde Joe morava, é uma das maiores congregações da cidade. Como seu pai, Hugh, Joe é antigo membro da Church of Christ. Ele freqüenta a Figueroa há mais de cinqüenta anos.

Joe e Andre sempre usam ternos idênticos, cumprimentam as pessoas e ocupam o primeiro banco. Durante duas horas, eles ficam lado a lado cantando os velhos hinos que Hugh Massengale cantava no Texas.

As pessoas sempre comentam a forte ligação entre os dois, visível onde quer que estejam. Eles se vêem quase todos os dias, percorrem Los Angeles trabalhando, fazem pequenas viagens, tomam café na casa de Joe. Andre telefona para seu pai todos os dias de manhã para saber como ele está e se precisa de algo.

Andre Massengale nasceu em Los Angeles pouco antes do fim do segundo casamento de Joe. Joe morou em Fallbrook até Andre completar dez anos. Ao contrário dos outros cinco filhos, Joe não teve a chance de ver seu caçula diariamente. E havia outro desafio: Andre fora diagnosticado com uma leve dificuldade de desenvolvimento mental, uma forma de autismo, por isso às vezes tinha que lutar para se comunicar. E o que era pior para Joe: Andre tinha medo dele. Não havia razão para isso, mas o homem do caminhão que aparecia de vez em quando assustava Andre, e o menino corria para se esconder.

Coisas simples para seus irmãos — conversar, rir, lembrar do passado e imaginar um grande futuro — foram conquistas difíceis das quais ele se orgulha com toda a razão. Agora, chegando aos trinta anos, Andre pode ter ido além de todos os outros filhos de Massengale. Ele e Joe cumpriram juntos essa jornada, e a história dessa parte da vida de Joe é inseparável da de seu filho.

*

Andre e Joe trocaram os macacões de trabalho por roupas limpas e estão na cozinha da casa de Joe. Quando perguntado sobre a lição mais importante que seu pai lhe ensinou, Andre não hesita:

— Foco. Foco foi a chave. Mas a verdade é que meu pai me ensinou tudo: a trabalhar, a pensar, a ser limpo, ir com calma e falar direito. Aprendi tudo com ele.

Andre faz uma pausa para dar mais ênfase.

— Meu pai me fez o que sou. Quando eu era criança, vivia com minha mãe e minha avó, e meu pai aparecia com sua *pickup*. Eu não o conhecia. Eu tinha medo dele. Queria que ele fosse embora.

— Eu era um garoto travesso, como todos os outros. Brincava com o que não devia. Arrancava a ponta dos esguichos e jogava no lixo. Coisa de criança. Foi então que meu pai me pegou pela mão e me ensinou a me concentrar, a trabalhar e prestar atenção. "Você só precisa se concentrar, se focar no que estiver fazendo", foi o que ele me disse. Ele me ensinou a tomar conta de mim mesmo, a me sentir feliz. Meu pai é um grande homem.

Ao retomar seu negócio em Los Angeles, Joe contava com alguns clientes fiéis, mas não eram suficientes. Ele estava começando praticamente do zero. Sua velha equipe estava trabalhando para outras

LIÇÃO 6 – FOCO

empresas, e seus outros filhos estavam na escola ou começando seu próprio negócio. Para reativar o Joe's Expert Tree Service, Joe voltou a bater de porta em porta. Desta vez estava sozinho e com sessenta anos de idade. Ele se instalou no outro quarto do apartamento de Michael, e saía todas as manhãs bem cedo.

Andre vivia com sua mãe, a alguns quarteirões dali. Naquela época, parecia claro que sua condição poderia afetar não apenas o relacionamento com seu pai e seus irmãos, mas também todo o seu futuro. Joe enfrentou um duplo desafio: refazer sua vida e aproximar-se de seu filho.

*

O caso de Andre era uma versão moderada de um distúrbio que continua a ser uma incógnita para os profissionais da medicina. Houve muitos avanços na compreensão e tratamento do que já foi considerado "uma sentença de morte" para a criança com esse diagnóstico.

"Autismo" é um termo tão amplo e geral que se mostra inadequado para descrever a condição que afeta o desenvolvimento de uma pessoa. Durante os primeiros anos, o desenvolvimento mental das crianças autistas alterna explosões imprevisíveis e períodos de estagnação. Elas têm uma maneira própria de pensar, normalmente através de desenhos e imagens. Algumas vêem apenas cores e formas. O barulho e estímulos inesperados podem ser extremamente perturbadores. Algumas parecem incapazes de se lembrar de qualquer coisa relativa a outras pessoas. Figuras de linguagem e analogias podem ser algo extremamente difícil de entender. Eles conseguem ouvir o que falam seus pais, mas não fazem o registro esperado, de modo que as mesmas palavras ou idéias podem parecer outras em diferentes ocasiões. Elas podem repetir o que ouvem, como um gravador, mas o sentido se perde, por isso têm dificuldades com conceitos como vergonha, conseqüências, participação, amizade. Falando devagar, sem interesse por compartilhar suas descobertas ou aprendizado como as outras crianças, as autistas normalmente se refugiam em um mundo só seu.

O autismo está presente em todas as raças, em todo o mundo. Difícil de explicar e de tratar, ninguém sabe ao certo as suas causas. Não existem exames de prevenção. Precisa se manifestar em uma criança para ser diagnosticado. E não há tratamento universal conhecido. Predisposições genéticas e fatores ambientais substituíram as velhas teorias a respeito de pais emocionalmente distantes ou imunizações como causa. Uma descoberta encorajadora é que a palavra "autismo" já não é um diagnóstico para todas as situações. Descobertas recentes indicam a existência de gradações numa escala que vai de quase normal a grave.

O vínculo de Andre com seus pais e irmãos não seria possível num caso de autismo severo. A capacidade de criar esse vínculo poderia ter se perdido, mesmo num caso brando como o de Andre, se eles não tivessem trabalhado com tanto afinco para que ele se tornasse verdadeiro. Em casos como este, os relacionamentos costumam ser a parte mais difícil.

Andre tinha o que era necessário para crescer e aprender se tivesse a chance. Se havia uma lição que Joe Massengale queria ensinar a todos os seus filhos, era que nenhum rótulo poderia limitá-los. Eles eram livres para serem quem quisessem ser, se estivessem dispostos a se esforçar. E isso incluía Andre.

*

Laurie Stephens, Ph.D., é diretora do Austism Spectrum Disorders Program do The Help Group em Los Angeles. Esse programa ajuda crianças em várias gradações da escala, com fundos levantados em algumas empresas e com pessoas famosas.

— Ainda estamos investigando as causas e parece claro que não existe apenas uma. O mais provável é que uma série de fatores contribua para essa condição, tanto genéticos quanto ambientais. O nosso conhecimento nessa área está aumentando diariamente. Esse rótulo não deve ser mais ser visto como uma "sentença de morte".

— Até onde é possível generalizar, podemos dizer que as pessoas que vivem com essa condição têm três desafios: em primeiro lugar, a dificuldade de comunicação ou linguagem; em segundo lugar, as dificuldades sociais e, em terceiro lugar, o repertório comportamental limitado: interesses limitados, rotina repetitiva. Eles gostam de ser rígidos. Gostam de ter hábitos restritos, que sigam determinadas seqüências mesmo nas coisas mais simples, como comer ou vestir-se. Qualquer desvio dos rituais criados costuma ser extremamente perturbador. E quando se apaixonam entusiasticamente por algo, acreditam que o mesmo ocorre com você. Algumas crianças se voltam para o que lhes interessa e não prestam atenção em mais nada. Pode ser qualquer coisa: planetas, selos, números, um único brinquedo. Isso se torna seu mundo.

— Estamos sempre chamando a atenção de nossos alunos para coisas simples que eles podem fazer para criar novos hábitos, que se anteponham à tendência para o isolamento. Algumas crianças têm na mesa cartões com os dizeres: FAÇA CONTATO VISUAL. Use seus olhos para compartilhar interesses, e não apenas vontades. A questão é que a mente pode ser exercitada e sua habilidade social fortalecida.

— Pode ser um trabalho difícil, mas o sucesso nessa área aumenta consideravelmente as chances que eles têm de adquirir liberdade pessoal e autonomia para uma vida produtiva e feliz.

*

Durante a chamada "idade das trevas" do tratamento dessa condição, o diagnóstico do autismo poderia significar o confinamento para toda a vida.

Mesmo com todos os avanços das pesquisas, os progressos alcançados não chegam a todas as famílias afetadas por esse distúrbio. A criança comum ainda corre o risco de desaparecer no sistema, de ser diagnosticada incorretamente ou de não receber diagnóstico algum. Muitos médicos não fazem os testes que ajudam a reconhecer o problema. Outros relutam em diagnosticar o autismo, e garantem aos pais que a criança conseguirá superar os sintomas. Pesquisadores estão descobrindo que o diagnóstico precoce é a chave para uma intervenção bem-sucedida. Quanto mais cedo for percebida essa condição — por volta dos três aos seis meses — mais eficiente poderá ser o tratamento para dar à criança uma chance para lutar. Entretanto, muitas esperam meses para serem examinadas e anos para serem tratadas.

Andre estava bem melhor do que muitas crianças na sua situação. Quando Joe voltou para Los Angeles, ele estava morando no mesmo bairro, em uma boa casa com a ex-mulher de Joe e seus outros filhos. Existia a oportunidade de ajudar Andre a transformar radicalmente sua vida.

Michael Massengale foi quem ajudou seu pai a refazer o relacionamento com seus irmãos mais novos.

— Estava preocupado com o fato de Andre estar tão perto, mas não se sentir parte da família — diz Michael. — Ele era meu meio-irmão e eu não o conhecia. Eu tentava vê-lo, mas não conseguíamos nos comunicar. Ele começava a chorar quando um de nós estava por perto, e nunca permitia que meu pai se aproximasse dele. Certo dia, fui até a casa dele com meu pai e nós o levamos para dar uma volta. Ele não tinha mais do que dez anos, e parecia estar em pânico. Caminhava ao nosso lado e chorava, muito angustiado, mas precisávamos fazê-lo passar por isso. Meu pai foi muito atencioso, tentou se comunicar e, quando finalmente estávamos voltando para a casa dele, meu pai falou: "Andre, venha até o carro".

— O carro que meu pai usava para trabalhar com paisagismo estava estacionado ali em frente. Papai mostrou a Andre todas as ferramentas, uma por uma, colocando-as nas mãos dele. Foi como se uma porta tivesse sido aberta entre os dois. Acho que foi a primeira vez que Andre percebeu que havia algo que ele poderia fazer, e que havia uma forma de mostrar o que ele poderia ser. A partir daquele momento, eles se tornaram inseparáveis.

— No dia seguinte, Andre foi para o trabalho com papai, e isso mudou a vida dos dois. Papai lhe deu um uniforme. Ele ficou entusiasmado: "Papai, vamos trabalhar. Vamos lá, vamos trabalhar". Ele estava concentrado em algo. Isso lhe dava uma noção de quem era... Ele não pertencia mais a uma categoria com um rótulo. Ele não era "incapaz" e não era "autista". Ele era Andre Massengale e era um *homem*.

LIÇÃO 6 – FOCO

— Meus irmãos e eu passamos a vida — diz Michael — sem poder dar desculpas; simplesmente não se podia dar desculpas para meu pai. "Está difícil? Sinto muito ouvir isso, mas é melhor ir trabalhar." Sem desculpas. Meu pai sempre foi assim com os cinco filhos mais velhos. Agora era Andre, que estava com dez anos, quem lhe dizia: "Vamos lá, papai, vamos trabalhar. Você está falido? Está com sessenta anos? Que pena, vamos trabalhar!" Mais do que tudo, foi Andre quem fez meu pai continuar lutando.

A motivação de Andre pode ter sido algo tão simples quanto o desejo de ter sua própria piscina. Ele disse à mãe que queria uma e ela repassou o pedido para Joe. A resposta já era previsível: se ele quer uma piscina, é bom estar preparado para trabalhar por ela. Andre levou a ordem a sério e começou a cavar seu quintal para fazer ele mesmo a piscina. E manteve o compromisso de sair com seu pai para os trabalhos de paisagismo.

— Eu gostava daquilo, recorda Andre com um sorriso. Gostei desde o primeiro dia; era muito bom. Eu me lembro do primeiro trabalho que fizemos, a limpeza de um jardim com estrelítzias e bananeiras. Adorei. O trabalho é duro, mas é divertido, e meu pai estava sempre por perto para me ajudar. Eu gostava muito; é bom fazer bem alguma coisa. E gostava de ser respeitado por isso. Gostava de sair com ele, mesmo quando estava muito quente, no verão. Ele sempre tomou conta de mim. E mudei de idéia sobre a piscina: voltei a encher o buraco! Eu não precisava mais da piscina porque estava aprendendo a tomar conta de mim e a ser independente, apesar de novo, e isso era o mais importante.

Joe não imaginava que seu caçula se entregaria ao trabalho com tanto entusiasmo.

— Eu o mantive ocupado com o trabalho mais leve no primeiro dia — ele diz — apenas para observá-lo, e ele me surpreendeu. Ele era exigente. Dava para ver como estava orgulhoso, limpando e arrancando o mato, incansável. Eu logo vi que ele gostava de trabalhar. E gostava de fazer tudo direito. Isso mostrava quem ele era, e o que queria ser. Ele tinha apenas dez anos, e queria fazer o trabalho de um homem com o dobro da sua idade. Ele não iria inventar desculpas ou se deter diante de um obstáculo; tinha um objetivo.

— No fim do primeiro dia, dei a ele vinte e cinco dólares em notas de um dólar. Acho que deve ter sido bom para um garoto de dez anos. No dia seguinte, às 7 da manhã, lá estava Andre batendo na porta: "Vamos trabalhar!"

— Ele passou o verão comigo, trabalhando cada vez melhor. E quando recomeçaram as aulas, trabalhava nos fins de semana. Passamos a ir cada vez mais além dos limites da cidade, para Palm Springs e San Diego.

Foi ele quem sugeriu essas idas para fora da cidade. "Vamos lá, papai, vamos encontrar trabalho!" Passávamos horas no carro. Conversávamos bastante, e acabamos compartilhando algo que eu não esperava. Ficamos amigos. Ele era um jovem atento. Era observador. Via muito mais coisas do que as pessoas percebiam. Meus clientes gostaram dele desde a primeira vez que o viram. Ele era educado, atencioso e cuidadoso com os detalhes como um adulto. Eu estava muito orgulhoso. Confiavam nele como confiavam em mim.

Andre revela no olhar o prazer que sente com seu trabalho.

— Adorava o que meu pai fazia. E aprendi tudo com ele: a cuidar das ferramentas, a manuseá-las com cuidado, usar óculos de proteção e prestar atenção no que as outras pessoas estavam fazendo. O trabalho de paisagismo é perigoso; aprendi a ser cuidadoso porque você nunca sabe o que pode acontecer. Ninguém da equipe de meu pai jamais se feriu gravemente, e isso também não vai acontecer comigo, porque tomo cuidado. É um jeito de me manter concentrado, focado, e com isso aprendi a ser responsável, a prestar atenção nos detalhes. Se você entender essas coisas, pode ser mais independente.

*

— Eu sabia o que significava ser rotulado — diz Joe. — Quando era criança ouvia as pessoas dizerem coisas para que eu soubesse quem era e o que podia fazer. "Saia da calçada". "Os negros deveriam ser

LIÇÃO 6 – FOCO

proibidos de andar com carroças à noite", coisas desse tipo. Isso não estava certo. Não permiti que os rótulos interferissem na minha vida, e não iria deixar que um rótulo dissesse a Andre o que ele poderia fazer com sua vida.

Tom Cash, que trabalhava como educador há bastante tempo na área de Los Angeles, conheceu Andre pouco depois da volta de Joe de Fallbrook.

— Conheci Andre quando ele tinha cerca de dez anos. Estava em minha classe de alunos especiais. Era um garoto maravilhoso, muito inteligente, cordial e curioso. Era brincalhão e gostava de chamar a atenção. Anos antes, ele fora classificado como "retardado mental", mas essa descrição nunca teve qualquer importância. O que importa é que ele estava na ponta do espectro, e tinha capacidade inata de superação e compreensão, além das coisas que Joe estava dando a ele através do aprendizado prático.

— Se existe uma pessoa capaz de apreender e entender as nuances da interação pessoal, essa pessoa é Joe Massengale. Para ele, foi uma questão de sobrevivência. Joe é um mestre na capacidade de adaptar-se às circunstâncias mantendo a essência do caráter. Não fazia concessões, mas era muito flexível diante das situações que enfrentava e das coisas que precisava fazer. Foi assim que ele prosperou em um negócio, que começou batendo de porta em porta na casa de estranhos, em um lugar em que não era bem-vindo. A maioria dos adultos não tem essa capacidade de entender as pessoas. Por isso ele era o homem perfeito para ensinar Andre.

Tom descarta rapidamente a palavra "autista".

— Se alguém ouvir uma palavra como "autista" e acreditar que é "autista", tendo como referência os casos mais graves, provavelmente pensará o pior a respeito de si mesmo e acabará desistindo.

— Atualmente, há crianças em minha escola que são praticamente normais em quase todos os aspectos. Outras precisarão de cuidados e acompanhamento durante todos os dias da vida. Elas são indivíduos, e não rótulos. Não podem ficar olhando umas para as outras para ver se encontram as fraquezas que têm em comum. Precisam descobrir o que têm de único e sua própria força.

— A coragem que precisamos sentir para acreditarmos que temos o controle sobre nossa vida pode desaparecer, a qualquer hora, e em alguns casos nunca mais volta. Uma única palavra pode provocar isso. Se Joe acreditasse no que as pessoas lhe diziam quando era pequeno, se acreditasse que não tinha direito à igualdade e à prosperidade, poderia concluir que era impotente. Isso poderia ter limitado seu raciocínio para o resto de sua vida, mas ele nunca permitiu que isso acontecesse e não permitiria que Andre se sentisse impotente. Joe deu a seu filho amor, mas não lhe deu trégua. Deu a Andre confiança, paciência e apoio, mas nunca o mimou. E Andre foi bem-sucedido. Era possível ver isso acontecendo. Andre adorava receber a aprovação do pai. Ele se esforçava para obtê-la.

— Joe ensinou Andre a desenvolver habilidades que usará por toda a vida para lidar com diversas situações e também a confiar em si mesmo — diz Tom. — Eis um exemplo: Joe levou Andre para aprender a dirigir. Isso mostra a confiança que o pai tinha no filho. Muitos pais jamais pensariam nisso. Muitas pessoas absolutamente normais têm medo de dirigir em Los Angeles e tentariam proteger seus filhos. Andre é criterioso no volante, como em todas as outras coisas, e conhece a cidade tão bem quanto qualquer pessoa. Ele tem muito orgulho de ser uma pessoa independente. Joe lhe proporcionou a estabilidade emocional para que pudesse lidar com a própria vida, em uma das cidades mais movimentadas, mais desafiadoras do mundo.

*

Tom Cash acredita que a melhor coisa que Joe poderia ter feito por Andre foi colocá-lo para trabalhar.

— Todos os pais instintivamente protegem as crianças, e sempre encontram uma desculpa para o que elas não conseguem fazer. Com as melhores intenções, procuram poupar seus filhos de qualquer sofrimento; querem dar tudo a eles. Vejo muitos pais fazendo tudo o que podem pelas crianças deficientes, e depois de algum tempo elas apren-

LIÇÃO 6 – FOCO

dem a fazer com que os pais cuidem de tudo. Os pais na verdade se sentem culpados e querem compensá-las para aliviar o sentimento de culpa. *Você não pode compensá-las*. A vida é o que é. As crianças precisam usar o que têm, e não negar.

— Joe nunca pensou em culpa ou compensação. Ele não mimou seus filhos, fortaleceu-os. É como eu digo para os pais: a vida não é um passeio com guia; é uma jornada. Joe deu a seus filhos um mapa de caráter, disciplina e foco que os levaria aonde quer que quisessem, mas não fez a viagem por eles. Ele sabia que não poderia impedir que acontecessem coisas ruins; elas acontecem. O que ele poderia fazer era preparar Andre para lidar com elas.

— Joe provou para Andre que ele poderia fazer coisas impossíveis para o rótulo "autista". O método baseado na tentativa e erro é um processo que as pessoas receiam porque têm medo do fracasso. Joe ensinou Andre a não ter medo. Ele deixou que Andre falhasse, para se levantar depois e tentar novamente.

— Essa é uma experiência libertadora — diz Tom. — A vida tem muito mais a ver com recuperação do que com sucesso. Qualquer um pode ser bem-sucedido, e as pessoas que alcançam o sucesso com muita facilidade tendem a ter dúvidas. Mas todo mundo falha, e você não duvida do sucesso quando sabe o que é o fracasso. Andre sabe que merece o sucesso. E ninguém pode tirar isso dele. Ele está sempre tentando melhorar, como Joe. É realmente gratificante ver os dois juntos. Eles têm uma relação fantástica, com muito respeito e amor. Estão sempre encontrando uma maneira de se desenvolver, tentando coisas novas e assumindo riscos. E a mola propulsora para isso é a grande fé que eles têm em si mesmos.

*

Joe levou apenas alguns meses para se recuperar, e em um ano estava morando em uma nova casa, tinha uma nova equipe e alguns cavalos em seu estábulo. Ele estava de volta. A melhor parte de sua recuperação foi o inesperado bônus que recebeu de Andre.

— Ele me deu a chance de ser um pai como eu nunca tinha sido

— diz Joe. — Com Andre eu tive tempo. Não havia urgência. Podíamos conversar de uma maneira que nunca tínhamos conversado antes. Eu sinceramente não esperava que isso acontecesse. Estava preparado para o pior, para ver meu próprio filho impedindo que eu fizesse parte de sua vida. Mas quando Andre mostrou interesse por mim, eu fui com tudo.

— Acho que Andre me arrancou de onde eu estava. Às vezes eu ficava desanimado... Havia dias em que eu não queria ir trabalhar, mas ele queria. "Vamos lá, papai, vamos procurar trabalho." Eu saía só para ficar com ele, mesmo achando que não encontraríamos nada. E nós rodávamos durante horas, escolhíamos uma rua, batíamos às portas, e conseguíamos alguma coisa. Ele era inspirador porque, apesar de ser apenas um garoto, simplesmente não desistia.

Mais do que o trabalho, a experiência de conhecer seu filho caçula deu a Joe uma oportunidade para descobrir algo que ele havia perdido com os mais velhos. Michael Massengale percebeu isso observando os dois juntos.

— Conosco, meu pai teve que se focar na nossa sobrevivência. Com cinco meninos crescendo juntos em Los Angeles. Naquela época ele não podia achar que isso estava garantido. Ele tinha que nos mostrar como sobreviver. E não podia facilitar conosco. Não podia ser nosso amigo. Trabalhávamos juntos num negócio perigoso, morávamos juntos e tínhamos que freqüentar a escola sem nos metermos em encrenca: ele tinha que ser firme conosco. Com Andre, ele não sofreu tanta pressão e pôde aproveitar melhor a experiência de ser pai. Ele pôde encontrar o lado mais tranqüilo de sua própria força, a parte mais gentil, porque era disso que Andre mais precisava.

— Eu precisava ter autoridade diante dos meus outros filhos. Cinco meninos, sem mulher na casa. Los Angeles... Cara, você tinha que ficar de olho neles, porque eles não precisavam ir atrás de confusão. A confusão iria atrás deles se não tomassem cuidado. Com Andre foi diferente. Ele precisava de uma chance para brilhar, e não de autoridade. Ele precisava de aprovação, e estava disposto a fazer por mere-

LIÇÃO 6 – FOCO

cê-la de uma forma que me surpreendeu. Eu não tinha idéia do que iria acontecer. Eu já vi meninos que não sabiam o que fazer se transformarem em grandes especialistas, por isso eu sabia que essas coisas acontecem. Mas ele superou todas as minhas expectativas.

— A verdade é que nós dois começamos do nada. As pessoas teriam rido dele e jamais acreditariam que ele fosse capaz de algo, da mesma forma que faziam comigo quando eu era um menino faminto em Marshall. Eu nunca pedi para ser tratado de maneira diferente porque minha família não tinha nada, eu só queria mostrar do que era capaz. Ele fez a mesma coisa. Jamais disse "eu não consigo".

E a presença de Andre rejuvenesceu o negócio. Agora Joe sentia uma dupla satisfação ao deixar um quintal em perfeitas condições: ele via seu filho desabrochar um pouco mais cada vez que saíam juntos.

— Nós dois sozinhos fazíamos o trabalho que antes eu fazia com uma equipe completa — Joe diz, sorrindo. — Eu estava com sessenta e cinco anos e subindo nas árvores de novo. Rapaz, era duro! Mas Andre não me deixava parar. Nunca permitíamos que o outro desanimasse. Ele diz que eu o ensinei a se concentrar. Eu digo que graças a ele me encontrei novamente. Eu vi o respeito que ele conquistou mesmo sendo tão jovem. As pessoas viam como ele se empenhava, como era sério, e adoravam vê-lo trabalhar, e eu lhe digo uma coisa: nada me motivava mais. Voltei a trabalhar para alguns dos meus antigos clientes, e não demorou muito para o negócio engrenar. E a razão disso era Andre. Tenho certeza de que ele foi essencial para a minha recuperação. Ele me ajudou a me concentrar e a manter o otimismo. Ele teve a chance de brilhar, e eu também. Foi um milagre para nós dois.

Andre se formou no colegial e comemorou participando da festa de formatura. Michael dirigiu a limusine naquela noite.

— Andre usou um smoking, é claro. Ele estava ótimo. Eu vesti um terno azul e nós fomos buscar sua acompanhante. Rapaz, uma jovem estonteante abriu a porta. Uma garota linda. Seu nome era Lane. Hoje ela é médica. Eu disse: "Caramba, meu irmãozinho está com a menina mais bonita da escola". Eu perguntei a ele: "Andre, como é que você conseguiu fazer com que a Lane fosse à festa com você?" Ele disse apenas: "Eu decidi".

*

Andre fica em pé e estica os braços. Olha satisfeito para o gramado de Joe.

— Meu pai está feliz com meu trabalho e me orgulho disso. E eu gosto de cuidar dele porque ele fez tanto por mim. Coisas pequenas como colocar as ferramentas em ordem, manter bebidas na geladeirinha, essas coisas são importantes; gosto de cuidar dos detalhes que colaboram para que o trabalho seja bem-feito. Ele diz que sou seu braço direito e isso é muito importante pra mim.

— Estou sempre atento. Eu presto atenção porque é importante cuidar dos clientes que temos. Nossos clientes sabem o que podem esperar de nós. Precisamos nos concentrar nisso. Nós hoje começamos às 7h30 e terminamos no final da manhã. Fizemos compras na mercearia e eu ajudei a guardar as compras. Eu adoro ajudar meu pai, adoro.

— Nós já andamos por todo o sul da Califórnia a trabalho. É bom aprender assim. Aprendi coisas que precisava saber: ser cuidadoso, flexível e atento. Por causa dele tenho dinheiro no banco e posso cuidar de mim mesmo. E me orgulho de saber que os clientes gostam de mim e me procuram.

Andre mantém contato com seus irmãos e com a família em todo o país, e com isso venceu outro aspecto de sua condição. Ele sabe que faz parte da família e faz questão de desempenhar seu papel, assim como os outros, apoiando, aconselhando e encorajando.

*

O último obstáculo que Andre e Joe tiveram que superar juntos foi aquele que todos nós temos que enfrentar.

— Ele tinha mais ou menos dezesseis anos e estávamos no carro — lembra Joe. — Eu disse que não ficaria ao lado dele para sempre. Ele me perguntou o que eu estava querendo dizer. Tentei explicar que ninguém vive para sempre, mesmo se quisermos.

LIÇÃO 6 – FOCO

— Ele ficou muito chateado. Não pude mais tocar no assunto por um bom tempo. Mas ele precisa se preparar. Posso fazer muito para ajudá-lo, mas ele precisa saber que um dia estará por sua própria conta, e que ele pode ser realmente independente. Durante algum tempo, quando falecia alguém da nossa igreja, nós íamos ao funeral e com todo o cuidado eu tentava ajudá-lo a entender o significado daquilo. Acho que agora ele entende. Acho que está preparado. Ele agora tem um futuro. Um rótulo poderia ter tirado isso dele. Mas ele o recuperou.

Quando finalmente termina o serviço no gramado da frente, Andre vem se lavar. Ele abraça seu pai antes de sair.

— Meu pai é um grande homem — diz Andre. — Ele me ensinou tudo que sei. E fizemos muito um pelo outro.

— Ele tem razão — diz Joe. — Andre é meu braço direito. E meu esquerdo também.

BIOGRAFIA DOS COLABORADORES

Joe Massengale tem seis filhos: Michael, Larry, Andre, Patrick, Randy e Joe Jr.

Joe Massengale Jr. é o membro principal do Spirit Financial Group of Wynnewood, na Pensilvânia.

Michael Massengale é ator em Los Angeles.

Lawrence Massengale é dono da Complete Auto Detailing em Encino, na Califórnia.

Randy Massengale é fundador e diretor-geral da Spinoza Technology Inc.

Patrick Massengale dirige duas companhias: uma empresa de limpeza de carros e aviões e outra de fornecimento de refeições em Denver.

Andre Massengale trabalha numa empresa de brinquedos em Los Angeles.

AGRADECIMENTOS

Os autores agradecem aos amigos e parentes que tornaram este livro possível:

Os irmãos Massengale, suas esposas e famílias; George Foreman; Guion S. Bluford Jr., Ph.D.; Anjelica Huston; Kent Desormeaux; Rafer Johnson; Fred D. Gray; Senhor e Senhora Tom Cash; B. Michael Young; Adam Chromy, Artists & Atrisans, Inc.; Julia Pastore, Harmony Books; Fred D. Massengale; Herbert Massengale; Oliver Massengale; Ollie Massengale; Lindell Massengale; Carwell Massengale; Dr. Lindell Massengale Jr.; Johanna Massengale; Dorothy J. Massengale; Linda Smith; George McDonald; a família Walton; Roosevelt Walton; Clemmie Walton; Brandy Alaman; Lawrence Whaley; Floyd Dixon; Bennie Jewel Benette; Dr. e Senhora Donald Anderson; D. A. Booker; Frank M. Williams; Senhor e Senhora Melvin Rogers; Jewel e Darvin Williams; Colleen Shaw; Janice Harris; Helen Shipp; Q. T. Minneweather; José de Lima; Dr. William Digman; Irmão Calvin Bowers, Figueroa Church Christ, Los Angeles; Crystal Guy; James Greend; James Fisher; Bárbara J. Crawford; Justine Caldwell Brown; Ollie D. Coleman Brown; Willie J. Brown; Curtis Dorothy Warren; Helen Clark Garcia; Ruth Clark Saunders; Annieruth Wilson; June Carnell; Tressa Tucker; Senhor e Senhora John Wilburn; Forster Philips; Charles B. Runnels, Chancellor, Pepperdine University; Monroe Watkins, Ph.D., e

Carolyn Watkins, Ph.D., e FBN Affiliates; R. Wayne Hicks e Vercilla A. Brown, Black Data Processing Associates; Jaclyn Bashoff, Gray Angel Productions; Roberto Pearlman, collectSpace; Debbie Baker, The Space Agency; Debbie Rowe, Special Olympics Southern California; Craig Dollase; Bob Baker, *Los Angeles Times*; Oliver Massengale Heshimu; Charles Massengale Sigidi; Rudi Groothedde, Managing Editor, *California Throughbred*; Scot Brown, Ph.D.; Edward Hotaling; Edward R. Ritvo, M.D., Professor Emérito, The David Geffen School of Medicine em UCLA; Harry Hacek; Dierk, Renee e Meredith Toporzysek; Robin Miller; Akhilesh Daniel; Chuck Laustrup; Toni Freeland; Theatre Perception Consortium e o elenco e a equipe de *North on South Central Avenue*; Laurie Stephens, Ph.D., The Help Group, Los Angeles; Hillary S. Meeks e *The Marshall News-Messenger*, Marshall, Texas; a família Bruce e Elizabeth Clow; Roger e Márcia Clow e família; Steve e Helen Dillon e família; Randy e Judy Miotke e família; Robin R. Ryan.

Fotografia da capa:
Royalty Free/Corbis/LatinStock

Fotografia dos autores:
Cortesia do autor (Massengale)
Rod Goodman (Clow)

Seis lições para os meus filhos foi impresso em
São Paulo/SP pela Quebecor World São Paulo,
para a Larousse do Brasil, em junho de 2007.